ぜんぶ絵でわかる

植栽

4

荒木造園設計
上町研究所

X-Knowledge

はじめに

"美しい植栽"と"美しくない植栽"の違いはどこにあるのでしょうか？ 空いたスペースに日当たりや植物の成長などを気にせず何となく植えた植栽と、その場所に適した植物を思案してつくり込んだ植栽とでは、景色がまったく異なります。美しい植栽は「自然とそこに生えている」ように見えるので、作庭者の意図を意識して庭を眺めておられる方は少ないかもしれません。しかしどれほど自然に見える植栽でも、それはつくり手の意図が反映された人工の景色です。美しいと感じる自然の景色がデザインされているのです。

そこで重要になるのが空間構成、つまり配植のバランスです。"美しい植栽"をつくるために敷地の大きさは関係ありません。1本の樹木でもバランスよく配置すれば美しい景色はつくれます。本書では、美しい植栽計画に求められる空間構成の考え方や植物の植え方の要点をわかりやすく解説しているのでぜひ参考にしてください。新しく植栽に興味をもたれた方にとっても、庭づくりに慣れ親しんだ方にとっても、役立つ知識をたくさん詰め込みました。

「庭屋一如」という言葉があります。庭と建物を一体のものとし、外部環境（植栽）と内部環境（建築）の融合を良

しとする考え方です。植栽計画では、設計者の意図や住まい手の生活を読み解き、建物との適切な関係をデザインすることが欠かせません。とくに住宅の植栽は大半の時間を屋内から眺めることになるので、建物との関係は必ず考える必要があります。私たちが普段お仕事をするときも、内と外を何度も行き来しながら植栽設計を行っています。そのため本書では、上町研究所の定方三将氏に設計者の視点から植栽について意識すべきポイントについて解説していただきました。造園家と設計者が互いの意図を共有することで、よりよい植栽につながると考えているからです。

植栽には、四季を感じさせ、心を癒し、生活を豊かにしてくれる力があります。「枯らしてしまうかもしれない……」と一歩退いてしまう方の声を耳にすることもありますが、植える時期や場所を間違えなければ、植物は期待に応えてすくすくと成長してくれます。本書で植栽について学び、その面白さと奥深さを楽しんでいただければ、これに勝る喜びはありません。

2022年12月吉日　荒木造園設計　槇村吉高

はじめに......2

序章

いろんな庭の カタチ

庭木が主役となる植栽の王道......10

里山の雑木林を自宅で再現する......12

コニファーが中心の端正な景観......14

草花を愛でるイングリッシュガーデン 16

茶庭で和の雰囲気を味わう......18

家庭菜園で野菜づくりを楽しむ......20

小さくて品のある坪庭の世界......22

敷地環境に合った植物を選ぼう......24

狭い場所でも美しい緑は楽しめる......25

第1章

植栽計画

植物は4種類に分けて整理する......28

植栽の主役となる高木......32

高木とセットで植える中低木......34

樹木の大きさに注意しよう......38

足元に変化を与える下草......39

地面を覆うグランドカバー......40

四季の変化を感じさせる「落葉樹」......42

1年中青い葉を茂らせる「常緑樹」......44

姿と性質が異なる「広葉樹」と「針葉樹」 46

「どこから見るのか」それが大事......48

南向きの庭は直射日光対策が必須 50

北向きの庭も意外とイイ......52

東西向きの庭には常緑樹を植えよう 54

中庭でプライバシーを確保する......56

プライバシーを守る塀と植栽の作法 58

植栽で外観の魅力を引き立てる......60

テラスは庭の最強アイテム......62

移動空間にはピンポイント植栽&小窓 64

キッチンからも庭を眺めたい！……66

浴室の窓から緑を堪能する……68

アプローチには"視線のトメ"をつくる
……70

メインツリーには全身を見渡せる窓を
……72

イイ植栽は地面で語るべし……74

小さな庭にピッタリの「地窓」活用テク
……76

庭に奥行きがあれば腰窓も使える……78

窓枠をなくせば庭はさらに美しく見える
……80

地面と床を近づける……82

2階から見下ろす景色を楽しむ……84

ライティングはご近所に配慮しよう
……86

植栽計画はメイン1本を軸にする……88

常緑樹と落葉樹はコンビで考える……90

落葉樹：常緑樹＝7：3……92

配色の黄金比も7：3……94

植栽には適度な隙間が必要……95

樹木の配置は3本1セットが基本……96

さらに多い本数を稲妻型で整える……98

立面でも稲妻型を意識する……99

S字の空間構成で自然な雰囲気を
つくる……100

近・中・遠の3層構成で奥行きをつくる
……102

窓のフレームを利用する……103

起伏をつけて変化を与える……104

知っておきたい高植え……106

ちょっとした隙間にも植物……107

現地調査はここを見る！……108

植栽の基本計画を練る……110

植栽の骨格を形づくる……112

中低木・下草を入れて全体をまとめる
……114

第2章

施 工 と お 手 入 れ

苗圃に植木を買いに行く……118

2種類の立ち姿……120

個性あふれる山採りの樹木……122

樹木の寸法を把握する……124

樹木の運搬と搬入……125

施工前の事前確認……126

土の質を高めよう……128

植穴掘りと土壌改良……130

水極めと土極め……132

下草・グランドカバーの植え方……134

高木の補強……137

植栽のワンポイントアドバイス……138

アプローチの意匠とつくり方……140

雨水桝や暗渠管で排水する……143

石と木の土留めのつくり方……144

竹垣と木塀のつくり方……146

使いやすい水栓の配置……148

花が咲かない理由……149

雑草を見つけやすい環境をつくる……150

優先的に抜くべき雑草……151

草刈りのタイミングと便利グッズ……152

水やりのポイントを押さえよう！……154

剪定すべき6種の枝……156

植物の主な病気……158

関東と関西の土の違い……160

痒～いチャドクガ……161

痛いイラガ……162

意外と無害なモンクロシャチホコ……163

植栽に集まる虫たち……164

要注意！クセの強い植物図鑑……166

第 3 章
美しい植栽計画図鑑

どこから見ても美しいアプローチ……170

短いアプローチは奥行きが要……172

テラスから植栽を堪能する……174

狭い場所に上手に植えるテクニック
……176

小さくても豊かな植栽のつくり方……178

一点集中の植栽計画……180

高木1本で魅せる……182

芝生の庭を楽しむ……184

細長い敷地は「見え隠れ」を活用する
……186

リビングと寝室から中庭を堪能する
……188

コケで落ち着きと統一感を……190

敷地の高低差を生かす……192

石積みの植栽帯……194

下草を美しく見せる……196

大きな庭でも基本は同じ……198

索引……200

あとがき……206

著者略歴……207

STAFF

キャラクターイラスト………槇村吉高（荒木造園設計）

イラスト………槇村吉高（荒木造園設計）

谷澤成（荒木造園設計）

松下高弘（エムデザインファクトリー）

長岡伸行

デザイン………三木俊一（文京図案室）

組版………竹下隆雄（TKクリエイト）

印刷・製本………シナノ書籍印刷

序 章
いろんな庭のカタチ

はじめに日本の住宅で親しまれている植栽のテイストをいくつかご紹介します。様式というほど堅苦しいものではないので、あまり意識しすぎる必要はありませんが、植栽計画の方向性をなんとなくイメージする手助けになると思います。建物の意匠とのバランスを考慮しながら、植栽のテイストを模索するヒントにしてください。

また植栽は、その目的や植栽スペースの広さによってもつくり方が変わってきます。「どんな樹木や草花を植えたいのか」ということだけでなく、「庭で何をしたいのか」「どんな敷地環境なのか」といったことも同時にイメージしておくことが大切です。

庭木が主役となる植栽の王道

日本の住宅では、限られたスペースに色鮮やかな花木や、紅葉を楽しめる落葉樹などの主役級の樹木をたくさん植えている庭をよく見かけます。このような樹木は「庭木」と呼ばれ、昔から日本の庭でよく使われてきました。景色全体を見せるというよりも、美しい木々を1本1本愛でるといった趣の庭です。

庭木が主役の庭づくり

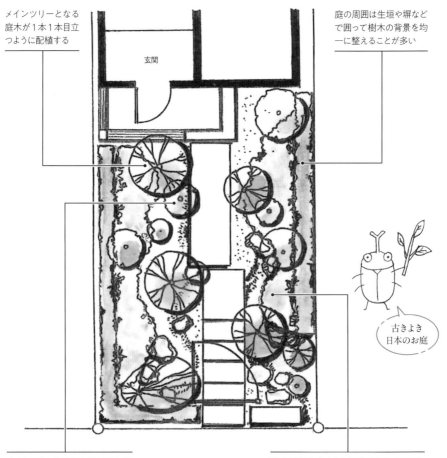

メインツリーとなる庭木が1本1本目立つように配植する

庭の周囲は生垣や塀などで囲って樹木の背景を均一に整えることが多い

玄関

古きよき日本のお庭

メインツリーを植えるだけでは、庭全体の雰囲気が単調になってしまうこともある。高木の脇に中低木を添えるとメリハリを出せる

庭木が引き立つように地面にはあまりいろいろな下草を植えない。タマリュウやコケなどの繁殖力が旺盛でない下草で統一することが多い。砂利などを敷いてもよい

庭木の代表選手たち

サクラ、モミジ、ウメのように美しい花や紅葉で四季の移ろいを感じさせてくれる樹木が人気。
ただし落葉樹だけを植えてしまうと冬の景色が寂しくなってしまうので、モッコクやマツなどの
風格のある常緑樹も組み合わせたい

モミジ(紅葉)

四季折々の変化が楽しめる落葉樹
の代表格。1年中赤い葉をつけるノ
ムラモミジや小さな葉を茂らせる
イロハモミジ、黄色からオレンジ色
に染まるコハウチワカエデなどい
ろいろな品種がある

ウメ(梅)

芳香の漂う可憐な花を咲かせ、春を告げる
庭木として好まれている。植えられるのは主
に「花梅」と呼ばれる品種

ツバキ(椿)

常緑の照葉樹[※1]で冬から早春にかけて大
きな花を咲かせる。茶道でとても珍重され、
冬の茶席がツバキ一色になることから「茶花
の女王」の異名をとる

モッコク(木斛)

それほど手入れをしなくても形を整えやすく、
樹齢を重ねるにつれて風格が出ることから
「庭木の王」と呼ばれる。江戸時代には江戸
五木[※2]の1つに数えられた

マツ(松)

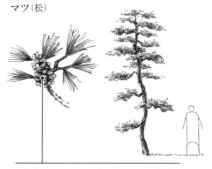

1年中青々としている常緑樹のマツは樹齢が
数千年に及ぶものもあり、不老長寿と結びつ
けた縁起物の樹木として人気がある

※1 冬でも落葉しない広葉樹。光沢のある深緑色の葉をもつ
※2 江戸時代に江戸でよく用いられていた庭木のこと。「マキ」「アカマツ」「カヤ」「イトヒバ」「モッコク」の5つ

里山の雑木林を自宅で再現する

近年は里山に広がる雑木林のような景観をつくりだす「雑木の庭」が人気を集めています。雑木林とは、薪や炭に使うクヌギやコナラなどの落葉広葉樹を育てるためにつくられた人工の林です。生活の糧を得るために樹木が植えられ、人の手によって環境が維持されてきました。雑木林は頻繁に伐採されるので、枝の細い樹木がたくさん生えています。このような景色が雑木の庭のイメージのもとになっています。

木漏れ日を感じる雑木の庭

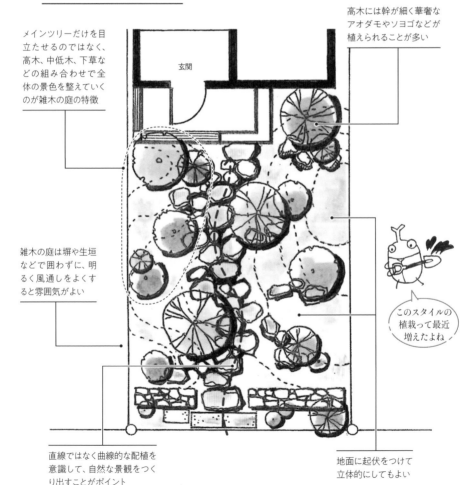

高木には幹が細く華奢なアオダモやソヨゴなどが植えられることが多い

メインツリーだけを目立たせるのではなく、高木、中低木、下草などの組み合わせで全体の景色を整えていくのが雑木の庭の特徴

玄関

雑木の庭は塀や生垣などで囲わずに、明るく風通しをよくすると雰囲気がよい

このスタイルの植栽って最近増えたよね

直線ではなく曲線的な配植を意識して、自然な景観をつくり出すことがポイント

地面に起伏をつけて立体的にしてもよい

雑木の庭の常連の樹木

雑木の庭は、コナラ、アオダモ、エゴノキなどの落葉樹を中心に植えることが多い。建物を覆い隠してしまわないような細い幹の樹木を自然に近い樹形で見せるスタイルが好まれるため、苗圃(植木畑)ではなく自然の山に自生している"山採りの木"を植える場合もある

アオダモ(青梻)

乾燥に強く、育てやすい。幹が細いので大きく育っても圧迫感は感じない。寒い地域で育っていたものは幹に白い斑紋(菌類が付着したもの)がついていることがあるが、数年で消える

アカシデ(赤四手)

ほうき状に育つ樹形は雑木の庭にピッタリの野趣がある。成長が比較的遅く、あまり大きくならないので、小さな庭で雰囲気を出すのに最適。春には赤い花を、秋には紅葉を楽しめる

アオハダ(青肌)

自然樹形が大変美しく、成長が穏やかなのであまり手入れの手間がかからない。雌雄異株[※]のため、赤い実を楽しみたい場合は雌株と雄株を対にして植える必要がある

コナラ(小楢)

1本生えているだけで雑木林の雰囲気が高まる。落葉樹だが比較的葉が落ちにくい。冬に葉を落とす仕組みが不十分だからではないかといわれている

エゴノキ(野茉莉)

初夏に枝いっぱいに白い花を吊り下げる姿からイギリスでは「スノーベル(雪の鐘)」と呼ばれる。一斉に落花するので、雪が降ったように地面が一面真っ白になる。種子は野鳥が好んで食べに来る

※ 雌花を咲かせる雌株と、雄花を咲かせる雄株に個体が分かれる植物のこと

コニファーが中心の端正な景観

コニファーとは針葉樹の総称です。一般的にコニファーと呼ばれているものは外国産の針葉樹を指しますが、日本産のイヌマキ、ビャクシン、トウヒ、イチイ、キャラボクもコニファーガーデンではよく用いられます。色とりどりのコニファーを中心とした庭は90年代にブームとなりました。

整った樹形と景観を維持しやすい

コニファーを用いた植栽は、整然と配置された美しさが特徴。葉の色や高さの異なる樹木を組み合わせていく

コニファーには赤系の葉がない。色味に物足りなさを感じる場合は、草花で彩りを添えるとよい。バーベナやエリゲロンなど花期の長い多年草がお薦め

レイランディなど円錐形のコニファーが庭のメインツリーになる

玄関

レイランディなどの外国産のコニファーは浅根性[※2]の樹種が多く、根の張りにくい土壌では強風で倒れやすいという弱点がある。そのため、支柱で補強するなどの対策が必要な場合もある

コニファーは樹形が乱れにくく、基本的に1年中葉の色が変わらない[※1]。成長しても完成当初の景観を維持しやすい

洋風だね

※1 春から秋はゴールドで冬に葉先がオレンジがかるラインゴールドや、冬に赤紫色に変色するレッドスターなど色づくものもある
※2 細かい根を横に広げる性質。太い根を深く伸ばす深根性の根に比べて倒れやすい

コニファーガーデンでおなじみの植物

コニファーガーデンは、樹高・樹形・葉色をうまく組み合わせて植栽することで美しい庭になる。樹形は「円錐形」（レイランディ、エメラルド、ウィッチタブルーなど）、「半球形」（コノテカシワ、キャラボク、ブルースターなど）、「匍匐形」（ハイビャクシン、ブルーパシフィック、ブルーカーペット）の3種類が基本

レイランディ

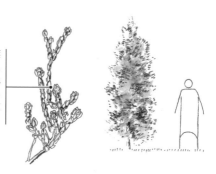

やや青みがかった美しい緑色の葉が特徴。生育旺盛で強健なので、枯れる心配はほとんどない。敷地の目隠しや隣地とのバッファにも有効。強風で倒れやすいので、支柱は必ず取り付けること

ウィッチタブルー

葉は灰青色で、冬になると若干紫色を帯びる。ほかのコニファーに比べると生育が比較的遅いのでメンテナンスしやすい

エメラルド

エメラルドグリーンとも呼ばれるグリーン系コニファーの定番。成長するにつれて自然と狭円錐形～円錐形の樹形にまとまる

アガベ

コニファーとの相性のよい植物。先の尖った多肉質の葉を放射状に広げる姿が特徴的。高さ2×直径2mほどの大きさに育つこともある。いろいろな品種があるが、なかでもリュウゼツランは古い品種として親しまれている

草花を愛でるイングリッシュガーデン

日本でもおなじみのイングリッシュガーデンは「自然な姿をそのまま生かす」ことが植栽のポイントになっています。整然と草花を植えるのではなく、ナチュラルな美しさを演出することが大切です。生き生きと咲く草花は、住まい手や来客の目をいつでも楽しませてくれます。そのためには、日本の環境に適した植物選びが重要です。

自然を演出する庭づくり

草花を庭の主役にする場合は、落葉の中高木を庭の外周付近に配置して遠景で見せれば、景色に立体感が生まれる

冬の景色が寂しくならないように常緑樹を植えてもよいが、植えすぎると日陰が多くなって草花が育ちにくくなるので注意

草花を中心に庭の景観をつくるのであれば、通路側は低く奥に行くほど高く植物を植える

「庭に置くテーブルやベンチを木製にする」「レンガづくりの小道や塀を設ける」など、植物以外の要素を工夫することで雰囲気が強まる

玄関

自然な雰囲気を楽しむのがイングリッシュガーデンの魅力だけどこまめな手入れは欠かせないよ

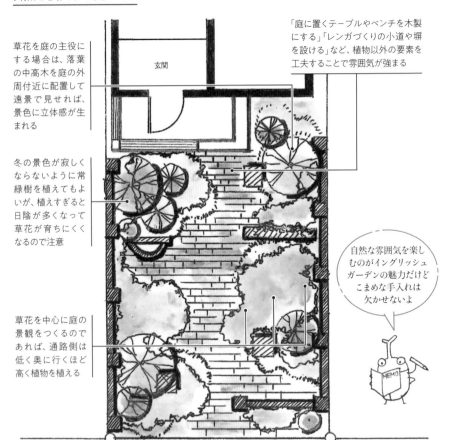

MEMO

※1 種をまいた年に花を咲かせて枯れる植物。次の年も花を咲かせるためには翌年にまた種をまく必要がある
※2 何年も繰り返し花を咲かせる植物。冬でも枯れることなく葉を茂らせる。一度枯れて土の中で越冬し、翌年また花を咲かせる植物は宿根草という

イングリッシュガーデンを彩る草花

イングリッシュガーデンは、樹木を眺めるというよりも、草花や低木を楽しむような植栽を行う。そのため植栽の中心となるのはノースポール、パンジー、ビオラなどの一年草[※1]やチューリップ、ガーベラ、サルビアなどの多年草[※2]である

サルビアネモローサ

イングリッシュガーデンには、ローズマリーやラベンダーなどさまざまな品種のハーブが植えられる。なかでもサルビアネモローサはドーム状に咲く姿が壮観

パンジー／ビオラ

パンジーやビオラは花期が11～4月までと長く、色も豊富なので冬の庭には欠かせない

ギボウシ

黄色の斑入り葉やシルバーがかったブルーの葉が魅力的で、白から薄い紫色の花も美しい。基本的に半日陰～日陰に生育する植物で乾燥にも強い

アジサイ

日本固有の落葉低木で6～7月に花を咲かせる。水はけがよく湿潤な土を好むので、夏の水切れには注意。土壌酸度(pH)によって花色が変わる(酸性なら青、アルカリ性なら赤)

モッコウバラ

中国原産のトゲのないツルバラ。ほかのバラの品種と比較すると寒さにやや弱い。4～5月に白か黄色の花を大量に咲かせる。日当たりと水はけのよい場所を好むが、半日陰でも生育可能

クリスマスローズ[※3]

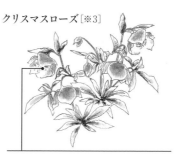

1～4月頃に白、紫、緑の花を咲かせる常緑樹。寒さや日陰には強いが、高温・多湿に弱い

※3 本来のクリスマスローズはクリスマスの時期に咲く「ヘレボルス・ニゲル」を指す

茶庭で和の雰囲気を味わう

茶庭（露地）は、茶室（数寄屋）に設けられる庭です。常緑の広葉樹を中心に奥深い静かな山道をイメージして庭をつくるため、色鮮やかな落葉樹や香りの強い花木はあまり植えられません。一般的な住宅に本格的な茶庭を設けるケースは稀なので部分的に形式を取り入れて「和の雰囲気」を楽しむことが多いでしょう。

茶庭の要素を上手に取り入れる

蹲踞（つくばい）
茶室へ席入りする前に水で手を清める場所。植栽と組み合わせることで、庭の景色を引き締めてくれる

飛び石・延べ段
茶室へ向かうための通路として設けられる。侘びた山道を表現すると同時に、雨で地面が濡れても履物が汚れないようにする心遣いでもある

「渡り六分に景四分」ってことかな？

塵穴（ちりあな）
落ち葉などのゴミを捨てるための穴。茶事の際は中をきれいにして草花や塵箸を飾り付けておく。穴の脇には「覗き石」という石を添えておく

アラカシ、カナメモチ、モッコク、ヒサカキ、アオキなどの常緑樹を主体に構成する

樹木は自然な樹形をイメージして刈り込みなどはあまりしない

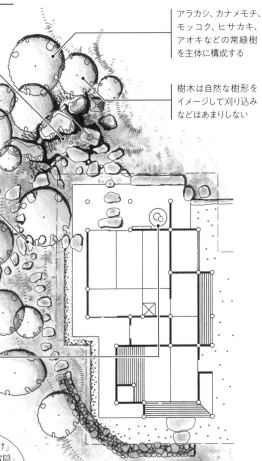

ほかにも「外腰掛け」「露地口」「中門」「雪隠」など、茶庭らしさを表現できる要素はたくさんあるよ

茶庭を彩る瑞々しい植物

茶庭の植栽は、あくまでも自然を演出することが大切。人為的に見えないようにしつつ、
雰囲気をつくり込んでいく。基本的には、常緑樹を中心に構成する

アラカシ（粗樫）

幅の狭いところでも植えられるので、
目隠し用の生垣に使われることが多
い常緑樹。茶庭では風や木漏れ日を
感じられるような風情を表現するた
めに、枝や葉の透かし剪定を行う

ヒサカキ（姫榊）

半日陰でも育つため、中木として植えられる
ことが多い。葉が小さく枝の重なりも控えめ
なので、庭の景色に抜けをつくりやすい

アオキ（青木）

常緑低木で比較的大きな照葉をつける。日
陰でも育つ樹木で、葉は1年中美しい青さを
保つ

コチョウワビスケ（胡蝶侘助）

「千利休好み」ともいわれる特別な植物。控
えめな美しさの花は「わび」「さび」の世界を
表現するとされ、茶席に飾られる茶花として
も好まれる

コケ（苔）

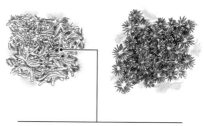

茶庭といえばコケのイメージが強いが、美し
いコケは薄暗い環境で、毎日掃除や水打ちを
して育てていくもの。コケが自然発生するよ
うな敷地環境でなければ、生育が難しい場
合もある[※]

※ 湿潤な環境であればスギゴケやコツボゴケなどの生育が可能。ハイゴケ、ハネヒツジゴケ、カモジゴケなど乾燥に強いコケもある

家庭菜園で野菜づくりを楽しむ

家庭菜園をする場合は日当たりと風通しのよい場所に畑を設けなければ野菜がうまく育ちません。畑の配置は計画当初からしっかり決めておきましょう。野菜の種類に合わせて土壌を整えることも重要になります。また、庭の真ん中に畑が横たわっているだけでは、あまり見た目がよくないので、周囲に植栽を施して畑と植栽をなじませる工夫も必要です。

畑を庭になじませる

畑は日当たりと風通しのよい場所に設ける

庭全体を植栽で囲えば、畑と庭に一体感が生まれ、まとまりのある雰囲気になる

植栽が畑を侵食しないように畑の周囲はエッジ材などで仕切るとよい。枕木やレンガなど庭の景観に合った素材を選びたい

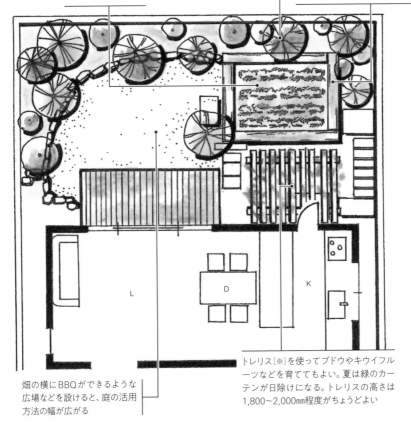

畑の横にBBQができるような広場などを設けると、庭の活用方法の幅が広がる

トレリス[※]を使ってブドウやキウイフルーツなどを育ててもよい。夏は緑のカーテンが日除けになる。トレリスの高さは1,800〜2,000㎜程度がちょうどよい

※格子状のフェンスのこと。つる植物を絡ませて育てるために使われる。「ラティス」ともいう

土壌の確認と改良

野菜を育てる土には、適度な「保水性」「排水性」「通気性」が必要。家畜の糞や落ち葉などの有機物を発酵させた堆肥を土に混ぜ込んで、これらの要素をバランスよく整える。また、日本の土壌は酸性が強い傾向にあるので、必要があれば苦土石灰や有機石灰を用いて土壌酸度の調整を行う

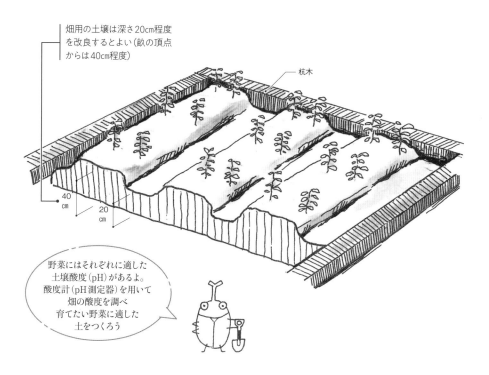

畑用の土壌は深さ20cm程度を改良するとよい(畝の頂点からは40cm程度)

杭木

40
cm

20
cm

野菜にはそれぞれに適した
土壌酸度(pH)があるよ。
酸度計(pH測定器)を用いて
畑の酸度を調べ
育てたい野菜に適した
土をつくろう

庭にコンポストを設置して、生ゴミや庭の落ち葉で堆肥をつくれば環境に優しくて、経済的

野菜の肥料

肥料には固形の肥料を使う。野菜用と書かれたものを選ぶこと

小さくて品のある坪庭の世界

高い塀や壁に囲われた小さな庭を「坪庭」と呼びます。京都の町屋では、間口が狭く、奥行きの深い建物の奥まで採光と風通しを得るために坪庭が設けられました。庶民の家の小さな庭でありながら、社寺仏閣や武家屋敷などの庭園をモデルに、品のある空間がつくり込まれます。和風はもちろん、モダンな雰囲気の住宅にも取り入れやすいスタイルです。

小さなスペースを上手に使う

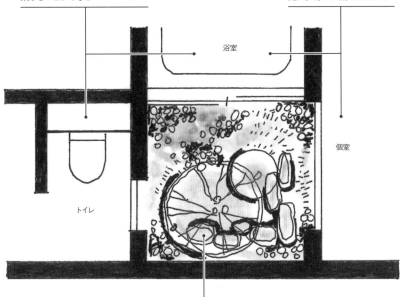

小さくてもきれいだね

浴室やトイレなどは、プライバシーの観点から外に大きく開くのは難しい。しかし壁に囲われた坪庭なら、プライバシーを守りつつ外の緑を楽しむことができる

複数の場所(部屋)から眺められるようにすることで、坪庭の多様な表情を楽しめる

浴室

個室

トイレ

1坪程度の小さな空間でも庭をつくることができる

坪庭の構成は「Simple is best」

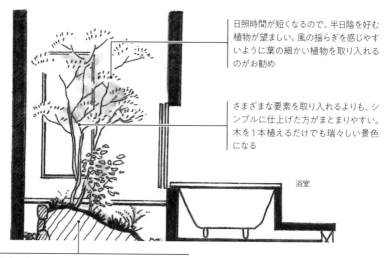

日照時間が短くなるので、半日陰を好む植物が望ましい。風の揺らぎを感じやすいように葉の細かい植物を取り入れるのがお勧め

さまざまな要素を取り入れるよりも、シンプルに仕上げた方がまとまりやすい。木を1本植えるだけでも瑞々しい景色になる

浴室

坪庭の地面に少し起伏をつけて、床と坪庭の地面の高さを近づけると、内と外の連続性が生まれる

坪庭は案外過酷な環境

ほとんどの植物は、十分な日当たりと水がなければ育たない。そのため、坪庭を設ける場合は植栽と建物の関係に注意が必要

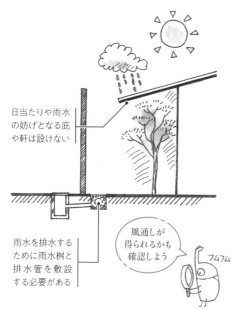

日当たりや雨水の妨げとなる庇や軒は設けない

雨水を排水するために雨水桝と排水管を敷設する必要がある

風通しが得られるかも確認しよう

フムフム

坪庭のお薦め植物

サルココッカ

九州中部～台湾・中国南部・インドにかけて分布する常緑低木。よく分枝し、葉は長楕円形で3本の葉脈が目立つ。花は6～7月、実は11～12月に黒く熟す

ヤブラン（リリオペ）

樹木の下草として生育する多年草。乾燥と日陰に強い。8～10月に薄紫色の花を咲かせる。青葉の色や模様が異なる品種がある

敷地環境に合った植物を選ぼう

植物には優れた環境適応能力がありますが、美しい庭を維持するためには、やはり敷地環境に適した植物を選ぶべきでしょう。不向きな環境に無理矢理植えても、枯れたり、トラブルの原因になったりしてしまっては意味がありません。近隣にどのような植物が植えられているのかを事前に把握して参考にするとよいでしょう。

日当たりと植物の関係

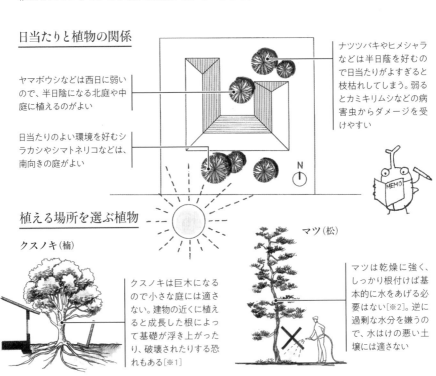

ナツツバキやヒメシャラなどは半日陰を好むので日当たりがよすぎると枝枯れしてしまう。弱るとカミキリムシなどの病害虫からダメージを受けやすい

ヤマボウシなどは西日に弱いので、半日陰になる北庭や中庭に植えるのがよい

日当たりのよい環境を好むシラカシやシマトネリコなどは、南向きの庭がよい

植える場所を選ぶ植物

クスノキ（楠）

クスノキは巨木になるので小さな庭には適さない。建物の近くに植えると成長した根によって基礎が浮き上がったり、破壊されたりする恐れもある[※1]

マツ（松）

マツは乾燥に強く、しっかり根付けば基本的に水をあげる必要はない[※2]。逆に過剰な水分を嫌うので、水はけの悪い土壌には適さない

ミモザ

とても成長が早く、狭い場所に植えると大きくなりすぎて近隣に越境しかねない。伐採せざるを得なくなるケースもあるので要注意

ササ（笹）

樹勢が強く雑草に強いが、逆に近くに植えた植物を弱らせる可能性がある。また、生命力が強いので狭いスペースでもよく根付く

※1 地下茎で繁殖するモウソウチクやマダケも同じ理由から建物のそばに植えるのは避けたい
※2 根付くまでの約2年間は水やりが必要

狭い場所でも美しい緑は楽しめる

中途半端な敷地の余りスペースも植栽を施すことで美しい場所に変わります。アプローチ[70頁参照]や中庭[56頁参照]、坪庭[22頁参照]などは植栽に適した小空間の代表といえるでしょう。このような空間は植栽をシンプルにまとめることがカギとなります。いろんな要素を盛り込むのではなく「見せ場」を1つつくるのです。

生垣で緑の壁をつくる

隣地境界や道路際の狭い空間には、プライバシーを守るためにブロック塀やフェンスが設けられることが多いが、建物が閉鎖的な印象になりがち。生垣にすれば、圧迫感をやわらげつつ緑も楽しめて一石二鳥

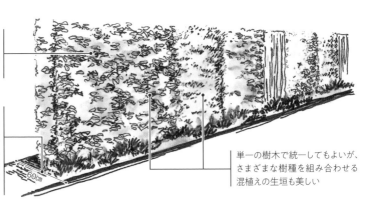

生垣であれば景観に潤いを与えつつプライバシーを守ってくれる

敷地境界線沿いに生垣を植える場合は、最低60cm程度の幅があるとよい。隣地に枝葉が越境しないように定期的な刈込みが必要

60cm

単一の樹木で統一してもよいが、さまざまな樹種を組み合わせる混植えの生垣も美しい

ワイヤーメッシュやトレリスに緑を絡ませる

クレマチスやカロライナジャスミン、ツルバラ、モッコウバラなどの植物をトレリスなどに絡ませると、一味違った外観になる。葉が自然のカーテンの役割を果たしてくれるので、夏の日除けにもなる

窓辺に植えれば植物と屋内の距離が近くなる

地面に支柱を立てて、ワイヤーメッシュやトレリスを取り付ける。地面にブロックを埋めて支柱を立てるので、外壁との間に30cm程度の余裕があるとよい

第 1 章

植栽計画

植栽計画でまず考えたいのは「どこからどのように庭を眺めるのか」ということです。植物には表と裏があるので、最もよく眺める場所（観賞点）から、植栽がいちばん美しく見える配置や組み合わせを考えたいものです。

観賞点は植栽の場所や目的によって決まります。アプローチの植栽なら敷地の入り口が観賞点の候補に上がってきます。庭の植栽であればリビングのソファや書斎のデスクでしょうか。小さな坪庭は浴室や廊下の窓から見せるのがよいかもしれません。どのようなシチュエーションで植栽を楽しむのかをしっかりと思い描くことが、植栽計画の軸となります。

もちろん、場所や目的に応じた景色の見せ方、バランスのよい植物の配置方法、計画の手順などの実践的なテクニックも欠かせません。この章で解説するポイントをしっかり押さえて植栽計画に臨みましょう。

植物は4種類に分けて整理する

さまざまな植物の中から敷地条件や庭のテイストに合わせて配植を考えるのは大変です。庭づくりに慣れていないと、何をどう計画すればいいのか途方に暮れてしまうかもしれません。そんなときは、植物を「高木」「中低木」「下草」「グランドカバー」の4種類にザックリと分類してみましょう。

高木

植栽時の高さがおよそ3m以上、成木になるとおよそ5m以上になる樹木を「高木」という。高木は庭の骨格となる中心的な存在であり、植栽の主役といえる。同時にその大きさを生かして、中低木や下草の背景としても機能する

常緑樹の高木で、外部からの視線を遮断してプライバシーを守ったり、電柱や隣家の窓といった景色のノイズを隠したりしたい

中木だけの単調な植栽

お隣から
まる見えだ
高木がほしいなぁ

高木を取り入れた動きのある植栽

常緑樹の高木は、庭の外周に連続して植えると、手前の樹木や花を引き立たせる背景となる

建物や塀などの人工物の「角」を高木で隠すことで、景観がより自然で柔らかい印象になる

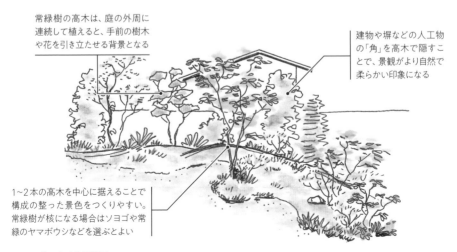

1〜2本の高木を中心に据えることで構成の整った景色をつくりやすい。常緑樹が核になる場合はソヨゴや常緑のヤマボウシなどを選ぶとよい

中低木

成木の樹高がおよそ1m以上3m未満の樹木を「中木」、およそ1m未満の樹木を「低木」という。高木と組み合わせて植栽の高さにメリハリをつけることで奥行きやリズムが生まれる。また、中低木は人の目線に近い高さで葉や花を観賞できるので、人と植栽の距離感が近くなる

高木と中低木の組み合わせ

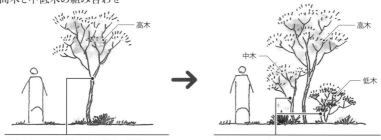

高木ばかりで目線に近い位置に枝葉がないと、殺風景な状態になりやすい

高木の足元に中低木を植えれば、それらの組み合わせで1つの景色をつくることができる

中低木越しに借景を見せる

植栽の背後に見せたい景色がある場合や観賞点の目線が低い場合などは、中低木を主役に景色をつくってもよい

下草

一年草や宿根草などの草花を総称して「下草」という[※]。下草も中低木と同様に、人の手の届く場所に葉や花をつける身近な存在である。下草を植えて地面に緑を取り入れることで、庭の景色はさらに親しみやすくなる

庭を眺めるとき、人は意外と地面を見ている。視線を下げたときに「手入れされていないむき出しの地面が見えている」のか「きれいな下草が見える」のかで庭の印象は大きく変わる

垂直に伸びる高木に対して、下草は水平に広がる。高木の足元に下草の水平面が広がることで、バランスのよい落ち着いた雰囲気になる

下草は日当たりの良好な場所よりも、木漏れ日が差すような半日陰や日陰を好むものが多い。そのため高木や中低木の近くに配置する

※ 低木、下草、グランドカバーを総称して「下草」と呼ぶこともある

グランドカバー

地面を覆う地被植物を「グランドカバー」という。グランドカバーは高木、中低木、下草よりも比較的安価に広い面積を緑化できる。グランドカバーが庭を覆っていれば、高木や中低木の量が少なくても、整った景観をつくることができる

グランドカバーで「間」をつくる

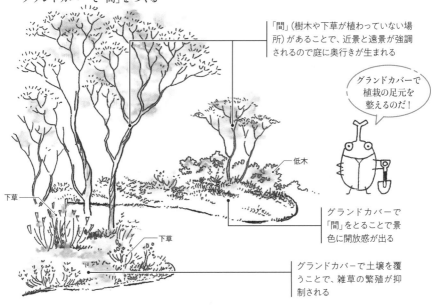

「間」(樹木や下草が植わっていない場所)があることで、近景と遠景が強調されるので庭に奥行きが生まれる

グランドカバーで植栽の足元を整えるのだ!

低木

下草

下草

グランドカバーで「間」をとることで景色に開放感が出る

グランドカバーで土壌を覆うことで、雑草の繁殖が抑制される

狭い場所にグランドカバーを植える

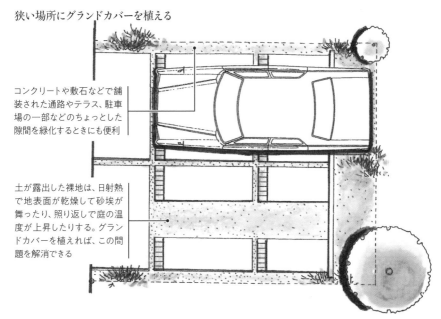

コンクリートや敷石などで舗装された通路やテラス、駐車場の一部などのちょっとした隙間を緑化するときにも便利

土が露出した裸地は、日射熱で地表面が乾燥して砂埃が舞ったり、照り返しで庭の温度が上昇したりする。グランドカバーを植えれば、この問題を解消できる

4種の植栽計画の順番

①最初に「高木」の配置を決める。高木は大きく成長するので、植え替えが難しい。優先的に配植場所を検討したい

②高木の配置と同時にグランドカバーのゾーニングも行う。生命力の強いグランドカバーは、下草を侵食してしまう可能性があるので混植えをするときは注意する

③高木の周囲に中低木を配置する。中低木の配置や樹種は、高木に合わせて検討するとバランスがよくなる[35、96頁参照]

④高木・中低木の配置がある程度決まったら、下草を配置する

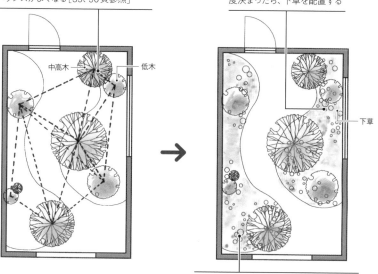

下草は粗密の変化をつけながら植えるとよい。規則正しく植えると不自然な印象になる

植栽の主役となる高木

高木は視線を集め、庭づくりの核になる重要な存在です。そのため庭の構成や庭の見え方に大きく影響します。高木の配置を間違えると庭全体のバランスを崩すことにもなりかねないので、適切なポジションを与えてあげましょう。

高木の植栽に必要なスペース

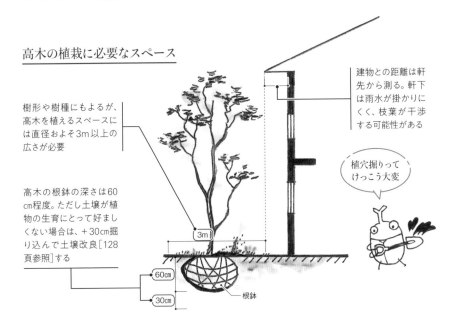

建物との距離は軒先から測る。軒下は雨水が掛かりにくく、枝葉が干渉する可能性がある

樹形や樹種にもよるが、高木を植えるスペースには直径およそ3m以上の広さが必要

高木の根鉢の深さは60cm程度。ただし土壌が植物の生育にとって好ましくない場合は、+30cm掘り込んで土壌改良[128頁参照]する

植穴掘りってけっこう大変

3m

60cm

30cm

根鉢

高木で庭の背景をつくる

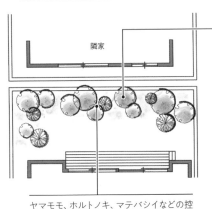

隣家

常緑の高木を庭の外周に沿って植えることで、敷地外からの視線をカットしつつ、緑の背景つくることができる

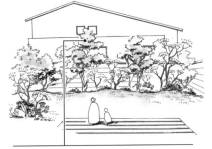

ヤマモモ、ホルトノキ、マテバシイなどの控えめな樹種を中心に植えて背景とする。シラカシ、シロバイ、ハイノキなどの見栄えのよい樹木をところどころに入れるとよい

高木を並べて植える場合は、スカイライン[※1]が一直線にそろわないように2～3種類の樹高の異なる樹木を組み合わせるとよい[99頁参照]

1本の高木を庭の「重点」に据えてみる

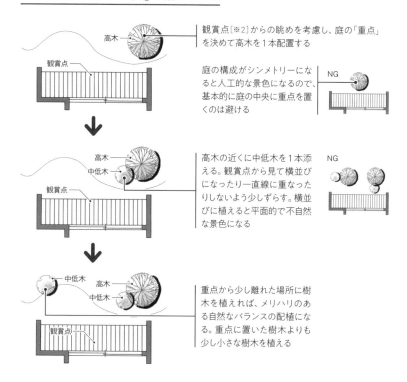

観賞点[※2]からの眺めを考慮し、庭の「重点」を決めて高木を1本配置する

庭の構成がシンメトリーになると人工的な景色になるので、基本的に庭の中央に重点を置くのは避ける

NG

高木の近くに中低木を1本添える。観賞点から見て横並びになったり一直線に重なったりしないよう少しずらす。横並びに植えると平面的で不自然な景色になる

NG

重点から少し離れた場所に樹木を植えれば、メリハリのある自然なバランスの配植になる。重点に置いた樹木よりも少し小さな樹木を植える

複数の高木で庭を構成する

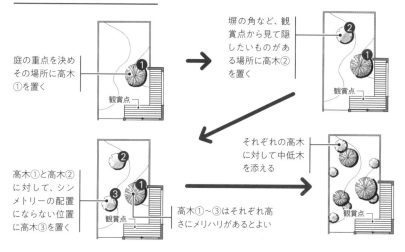

庭の重点を決めその場所に高木①を置く

塀の角など、観賞点から見て隠したいものがある場所に高木②を置く

高木①と高木②に対して、シンメトリーの配置にならない位置に高木③を置く

高木①～③はそれぞれ高さにメリハリがあるとよい

それぞれの高木に対して中低木を添える

※1 立ち並ぶ樹木の頂点を結んだラインのこと
※2 一番見えやすい場所や見たい場所

高木とセットで植える中低木

中低木は高木とセットで植えることで植栽のバランスを整えてくれる効果があります。また、中低木は観賞する人の目線に近い高さで葉や花をつけます。葉や花を間近に楽しめる庭をつくりたいのであれば、中低木をメインに植栽を構成してもよいでしょう。中低木を上手に使いこなすことで、美しく、親しみやすい庭になります。

中低木で奥行きに変化をつける方法

単調な配植

奥に向かって順に高くなるように配植すると、観賞点が変わっても植栽の見え方に変化がなく単調な景色になる

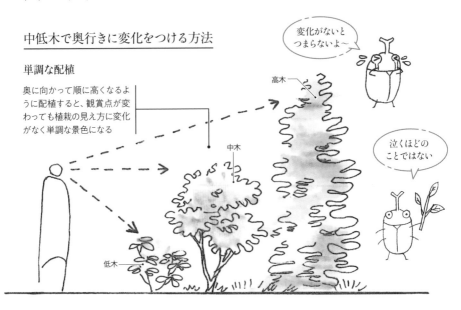

変化がないとつまらないよ〜

泣くほどのことではない

高木

中木

低木

変化のある配植

中木→低木→高木などのように、手前の樹木で奥の植物を隠すように配置すると、視点移動による景色の変化が生まれる

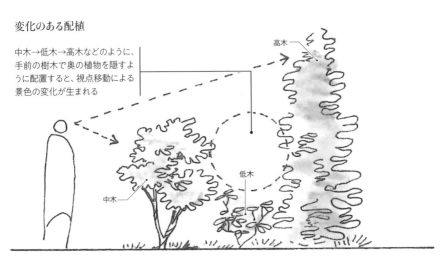

高木

中木

低木

高木と中低木の組み合わせ方

落葉樹の高木
（葉が大きい）

常緑樹の中低木
（葉が小さい）

葉の大きな落葉樹（高木）には、葉の小さい常緑樹（中低木）を合わせる

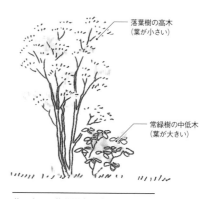

落葉樹の高木
（葉が小さい）

常緑樹の中低木
（葉が大きい）

葉の小さい落葉樹（高木）には、葉の大きな常緑樹（中低木）を合わせる

常緑樹の高木
（葉が大きい）

落葉樹の中低木
（葉が小さい）

葉の大きな常緑樹（高木）には、葉の小さい落葉樹（中低木）を合わせる

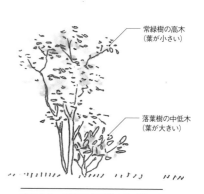

常緑樹の高木
（葉が小さい）

落葉樹の中低木
（葉が大きい）

葉の小さい常緑樹（高木）には、葉の大きな落葉樹（中低木）を合わせる

樹木の分類表

		落葉樹	常緑樹
高木	葉が大きい	コナラ、アメリカザイフリボク、ヤマボウシ、カツラ、モクレン、コブシ、アオダモなど	ヒメユズリハ、ホソバタイサンボク、ホルトノキなど
	葉が小さい	アカシデ（ソロノキ）、エゴノキ、ヒメシャラ、サルスベリ、ナナカマド、イロハモミジなど	シマトネリコ、オリーブ、ミモザ、アカマツ、ソヨゴなど
中低木	葉が大きい	トサミズキ、ヒュウガミズキ、アジサイ、アナベル、ハコネウツギなど	ハクサンボク、シャクナゲ、アオキ、クチナシ、シャリンバイ、ヒゼンマユミなど
	葉が小さい	ユキヤナギ、ヤマブキ、ナツハゼ、コデマリ、コバノミツバツツジ、ムラサキシキブなど	ハクチョウゲ、アベリア、マホニアコンフーサ、ウエストリンギア、コクチナシ、ピスタチアなど

「サラサラ系」と「カッチリ系」に分けてみる

ユキヤナギやヒュウガミズキなどのように長い枝に小さな葉を茂らせる中低木を「サラサラ系」、
サツキツツジやマメツゲのように短い枝が均等に伸びる中低木を「カッチリ系」に分けた場合、
両者の割合を8:2で植えるとバランスがよい

カッチリ系が8の場合

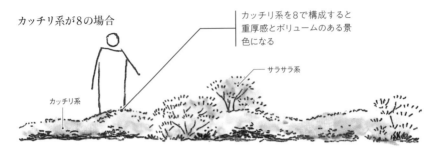

カッチリ系を8で構成すると
重厚感とボリュームのある景
色になる

サラサラ系

カッチリ系

サラサラ系が8の場合

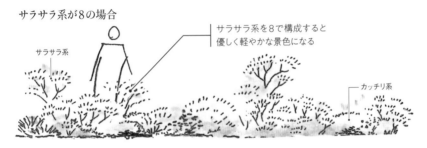

サラサラ系を8で構成すると
優しく軽やかな景色になる

サラサラ系

カッチリ系

中木をメインにした見せ方

小さな窓から庭の景色を切り取る場合は、中木をメ
インに景色をつくってもよい

中木は1階の窓の高さに枝葉を茂らせる
ので、窓（観賞点）の近くに配置する

高木を奥に配置して
幹を背景にすると奥
行きが生まれる

高木

中木

中木

高木

中木

中木

観賞点

低木をメインにした見せ方

低木をメインにする場合、①「密植する方法」と②「点で植える方法」の2つがある。①は植栽の輪郭が曲線を描くようにカッチリ系を並べて植えることで、きれいなラインを見せる方法。②は1本だけでも見栄えのよいサラサラ系の低木に下草を添えて見せる方法である

①密植する方法

カッチリ系の低木は密植すると美しい。このとき同じ樹種を並べて植えるとまとまりがよい

低木が植わると安定感があるね

ラインが切れると人工的に並べたように見えるので、あまり好ましくない

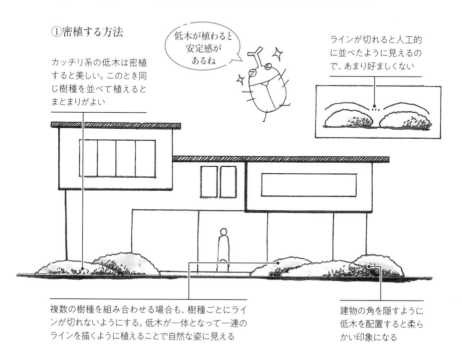

複数の樹種を組み合わせる場合も、樹種ごとにラインが切れないようにする。低木が一体となって一連のラインを描くように植えることで自然な姿に見える

建物の角を隠すように低木を配置すると柔らかい印象になる

②点で植える方法

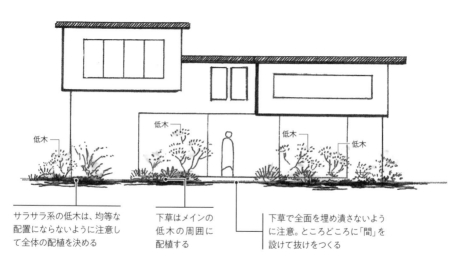

低木

低木

低木

低木

サラサラ系の低木は、均等な配置にならないように注意して全体の配植を決める

下草はメインの低木の周囲に配植する

下草で全面を埋め潰さないように注意。ところどころに「間」を設けて抜けをつくる

樹木の大きさに注意しよう

樹木は樹種によって成長のしかたが異なります。周辺の建物や植物に思わぬ悪影響が生じないように、成長の早さや大きさをある程度見込んだうえで樹種を選びましょう。剪定で成長を抑えられる樹木もありますが、あまり強く剪定すると枯れてしまったり、樹形の美しさが損なわれたりする可能性があります。

成長の早い樹木は扱いが難しい

成長の早い樹木をたくさん植えると、近くに植えた植物に光が当たらず枯れてしまうことがある。また、大きく成長した枝葉が隣地に越境すると、近隣の迷惑やトラブルにつながる可能性もある

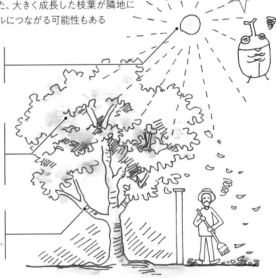

お隣さん困ってるね

ミモザ、ユーカリ、シマトネリコなどは、温暖な地域では繁殖力が旺盛になるので注意したい

たとえば、サクラは人気の樹木だが、成長が早く、樹冠や根が横に広がっていくため、周りの植物の生育を阻害したり、隣地に越境してトラブルの原因になったりしやすい

サクラは、虫がつきやすく、幹や枝が腐りやすい。花は美しいが開花の時期が非常に短期に限られているため、住宅の庭に植えるケースは少ない

剪定で樹形を抑える

こまめに剪定することで高さを抑えられる樹木もある。成長の早さを生かして刈込みの生垣などで活用してもよい

剪定でコントロールできる成長の早い樹木

常緑樹	落葉樹
アカマツ	モミジ
クロマツ	ウメ
カシノキ	コナラ（株立）
レイランディ	クヌギ（株立）
シマトネリコ（株立）	

関西では高木のアラカシを剪定して、腰の高さほどの生垣にしているケースもある

チョキチョキ

足元に変化を与える下草

下草は垂直に伸びる高木と対比させることで、樹木の存在を引き立たせる効果がありま
す。とくに中高木の根元に植える下草を「根締め」といい、場を引き締める役割があります。
また、下草を植えることで樹木の根元の土が乾燥するのを防げます。地窓を設けて低い
目線で景色を見せる場合や坪庭などの場合は、下草をメインにしてもよいでしょう。

樹木の足元に植える

裸の地面から樹木が伸びている
よりも、足元に下草が植わっていた方
が瑞々しい景色になる。冬でも葉を
付ける下草を植えれば、落葉樹が
冬に葉を落としても庭が寂しくなる
ことはない

高木

下草

下草できれいな景観をつくる方法

坪庭などのちょっとした空間は、下草を主役にして
も魅力的な場所になる

下草のグループは形や大きさ、
距離感をランダムにして、自然
な雰囲気で植えることが重要

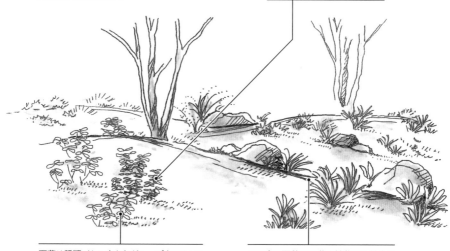

下草は種類ごとに小さなグループをつくって
植えていく。3〜5株程度を目安に、あまり大
規模なグループにしないのがコツ

やや広い面積に下草を植栽する場合は
地面に起伏をつけるとよい。このとき下
草をたくさん植えすぎて起伏が隠れな
いように注意する

地面を覆うグランドカバー

グランドカバーは、広範囲を効率よく緑化するのにとても重宝します。敷地を緑で埋め尽くすことができるので、樹木や草花をそれほどたくさん植えていなくても瑞々しい景色をつくることができます。また、傾斜地の土の流出や雑草の繁殖を防ぐ効果もあるので、上手に使えば美観の維持・向上にも役立ちます。

グランドカバーを上手に使うには

グランドカバーは日差しや乾燥に強く成長の早いものを選ぶと、広範囲を効率よく緑化したり、地面を整えたりするのに便利である。また、小さな隙間にも植えやすいので、限られたスペースを緑化したい場合にも使える

庭全体を高木、中低木、下草で埋め尽くすと、うっそうとした雰囲気になりやすい。砂利などで空間に間をつくることで、庭がすっきりとした印象になる

複数の種類を混植えするよりも、まとまったエリアに単一の種類を植えていく。混植えしても結局は強健なグランドカバーだけが残ってしまう

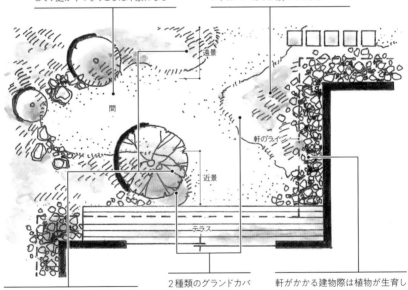

遠景

間

軒のライン

近景

テラス

間をつくることで、「近景(手前の景色)」と「遠景(奥の景色)」のレイヤーがはっきりして、奥行きが生まれる

2種類のグランドカバーで2つの植栽エリアをつくり、コントラストを出すと美しい

軒がかかる建物際は植物が生育しづらい。このような場所は栗石か砂利を敷く。なお、砂利は人が頻繁に通る通路に敷いてもよい

丈夫なグランドカバーと繊細なグランドカバー

多少踏んでも大丈夫	ヒメイワダレソウ、ディコンドラ、芝生
踏むと傷んでしまう	タマリュウ、タイム、セダム類、コケ

樹木の本数が少なくてもグランドカバーのおかげできれいだね

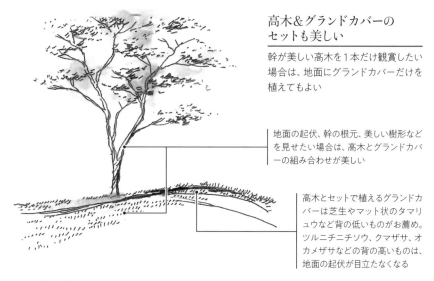

高木&グランドカバーの
セットも美しい

幹が美しい高木を1本だけ観賞したい
場合は、地面にグランドカバーだけを
植えてもよい

地面の起伏、幹の根元、美しい樹形など
を見せたい場合は、高木とグランドカバ
ーの組み合わせが美しい

高木とセットで植えるグランドカバ
ーは芝生やマット状のタマリュウなど背の低いものがお薦め。
ツルニチニチソウ、クマザサ、オ
カメザサなどの背の高いものは、
地面の起伏が目立たなくなる

生命力にご用心

ほとんどのグランドカバーはランナー[※]でどんどん広がるので、グランドカバーが植栽エリア
の外に侵食したり、周囲の植物の生育を阻害したりしないように注意したい。グランドカバーは
使い勝手のよい植物だが、メンテナンスフリーなわけではない

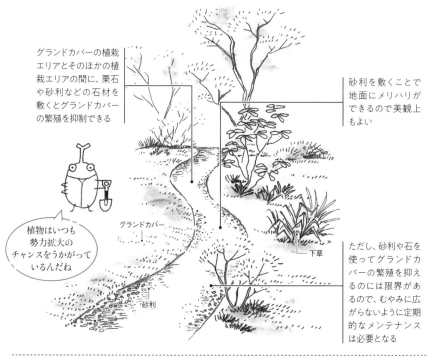

グランドカバーの植栽
エリアとそのほかの植
栽エリアの間に、栗石
や砂利などの石材を
敷くとグランドカバー
の繁殖を抑制できる

砂利を敷くことで
地面にメリハリが
できるので美観上
もよい

植物はいつも
勢力拡大の
チャンスをうかがって
いるんだね

グランドカバー

下草

砂利

ただし、砂利や石を
使ってグランドカ
バーの繁殖を抑え
るのには限界があ
るので、むやみに広
がらないように定期
的なメンテナンス
は必要となる

※ 匍匐茎のこと。親株からツルを横に伸ばして広がっていく植物

四季の変化を感じさせる「落葉樹」

秋に枯葉を落とし、翌春に新しい葉を茂らせる樹木を総称して「落葉樹」と呼びます。落葉樹の魅力は、なんといっても赤や黄に色づく鮮やかな紅葉でしょう。また、葉が毎年入れ替わるので、瑞々しい新緑の美しさも楽しむことができます。ただし、冬の裸木は趣深いものの、それだけだと寂しい景色になるかもしれません。

なぜ落葉するのか

植物は、太陽の光で光合成することで必要な栄養をつくりだしている。しかし日差しが弱まる冬は、光合成で得られるエネルギーよりも、葉を維持するために必要なエネルギーの方が多くなってしまう。また、気温が下がると、根が水を吸い上げる力が弱まり、葉から蒸散される水分量に追いつかなくなってしまう。そこで秋に葉を落としてバランスをとっている

落ち葉といえば
落ち葉焚き

紅葉と黄葉の違い

落葉樹は秋に葉を落とすときに、葉に含まれる光合成色素を分解しようとする。分解される主な成分は「クロロフィル」と「カロテノイド」である。この成分が分解される仕組みの違いによって紅葉するのか、黄葉するのかが変わる

そういう
仕組みなんだ

赤：アントシアン

黄：カロテノイド

緑：クロロフィル

光合成色素のクロロフィルは緑色、カロテノイドは黄色。通常の葉はクロロフィルの量が多いため、緑色に見える

紅葉の場合は葉に含まれる糖が分解され、「アントシアン」という赤色の物質が生成されることで赤くなる

黄葉の場合はクロロフィルが分解されてなくなり、カロテノイドが残るので、葉が黄色く見える

離層

維管束

秋になると葉の付け根に離層と呼ばれる障壁をつくり、水分や養分の行き来を減らす。紅葉が完了すると離層の部分がちぎれて葉が落ちる

落葉樹の役割

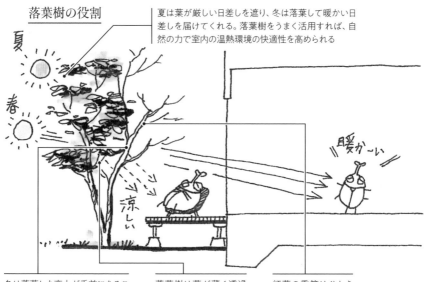

夏は葉が厳しい日差しを遮り、冬は落葉して暖かい日差しを届けてくれる。落葉樹をうまく活用すれば、自然の力で室内の温熱環境の快適性を高められる

夏

春

涼しい

暖かーい

冬は落葉した高木が手前にあることで、奥の植栽との距離感が強調されて、庭に広がりを感じさせる

落葉樹は葉が薄く透過性があるので、庭の雰囲気が明るくなる

紅葉の季節はひときわ美しく、植栽の中心的な存在となる

落葉樹が引き立つ植え方

植栽を正面から見たところ

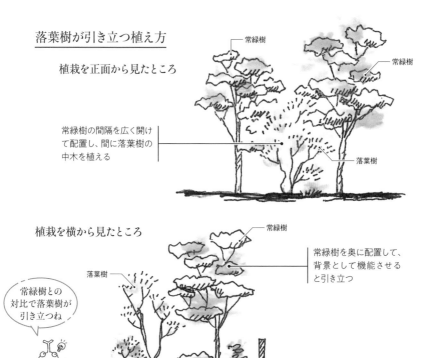

常緑樹

常緑樹

落葉樹

常緑樹の間隔を広く開けて配置し、間に落葉樹の中木を植える

植栽を横から見たところ

常緑樹

落葉樹

常緑樹を奥に配置して、背景として機能させると引き立つ

常緑樹との対比で落葉樹が引き立つね

1年中青い葉を茂らせる「常緑樹」

1年中青い葉を茂らせる樹木を総称して「常緑樹」といいます。秋に紅葉して一斉に葉を落とす落葉樹とは異なり、1年を通して葉の様子に大きな変化がないので、冬の植栽を彩るうえでとても重要な存在です。また、この性質を生かせば敷地内のプライバシーを守る目隠しとしても機能します。

常緑樹も落葉する

常緑樹は1年を通して安定した葉の様子を楽しめるが、古い葉は落葉樹と同じように落葉する。新しい葉が茂る時期と古い葉が落葉する時期が重なっているので、変化がないように見える

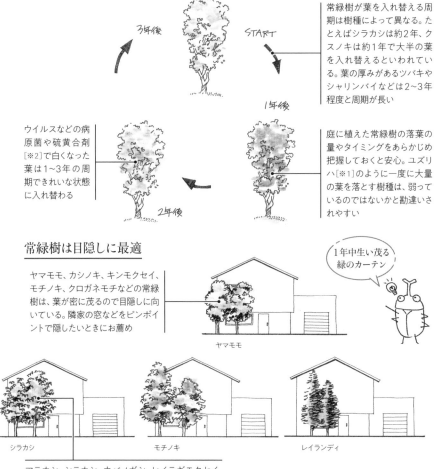

3年後　START

1年後

ウイルスなどの病原菌や硫黄合剤[※2]で白くなった葉は1～3年の周期できれいな状態に入れ替わる

2年後

常緑樹が葉を入れ替える周期は樹種によって異なる。たとえばシラカシは約2年、クスノキは約1年で大半の葉を入れ替えるといわれている。葉の厚みがあるツバキやシャリンバイなどは2～3年程度と周期が長い

庭に植えた常緑樹の落葉の量やタイミングをあらかじめ把握しておくと安心。ユズリハ[※1]のように一度に大量の葉を落とす樹種は、弱っているのではないかと勘違いされやすい

常緑樹は目隠しに最適

ヤマモモ、カシノキ、キンモクセイ、モチノキ、クロガネモチなどの常緑樹は、葉が密に茂るので目隠しに向いている。隣家の窓などをピンポイントで隠したいときにお薦め

ヤマモモ

1年中生い茂る緑のカーテン

シラカシ

モチノキ

レイランディ

アラカシ、シラカシ、ウバメガシ、ヒイラギモクセイ、西洋紅カナメモチなどの常緑樹は生垣に使いやすい

目隠しにあまり向いていない常緑樹もある

ハイノキ、シロバイ、ヒサカキ、常緑ヤマボウシなどの常緑樹は枝葉があまり密に茂らないので、目隠しとしての効果は少し弱い

常緑ヤマボウシ

ヤブニッケイ

逆に枝ぶりが軽快な分、明るく抜けのよい景色をつくれる。風にそよぐ姿が爽やか

ハイノキ

ソヨゴ

落葉樹が「7」に対して常緑樹は「3」

植栽の構成は落葉樹と常緑樹のバランスが大切。好みや目指す庭の雰囲気にもよるが、基本的には落葉樹：常緑樹の比率が7：3程度であるとバランスがよい

7：3の場合

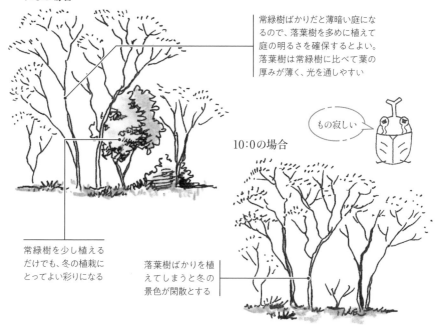

常緑樹ばかりだと薄暗い庭になるので、落葉樹を多めに植えて庭の明るさを確保するとよい。落葉樹は常緑樹に比べて葉の厚みが薄く、光を通しやすい

もの寂しい

10：0の場合

常緑樹を少し植えるだけでも、冬の植栽にとってよい彩りになる

落葉樹ばかりを植えてしまうと冬の景色が閑散とする

※1 入れ替わりの周期は2〜3年。6〜7月にかけて一斉にすべての古葉を落とす
※2 病害虫の駆除に使用する農薬の一種

姿と性質が異なる「広葉樹」と「針葉樹」

樹木は、葉の形を基準に「広葉樹」と「針葉樹」に分類することもできます。広葉樹と針葉樹は生態や樹形にそれぞれ特徴があるので、どちらを選ぶかで庭の印象は変わります。植栽計画と樹種選びを進めるうえで重要な基準なのです。

広葉樹の特徴

近年は「雑木の庭」[12頁参照]の人気の高まりから、里山をイメージして広葉樹を中心に植栽を構成する住宅が増えている。樹種の選択肢も針葉樹に比べて多い

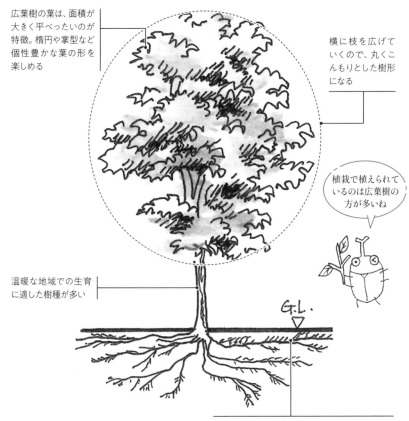

広葉樹の葉は、面積が大きく平べったいのが特徴。楕円や掌型など個性豊かな葉の形を楽しめる

横に枝を広げていくので、丸くこんもりとした樹形になる

植栽で植えられているのは広葉樹の方が多いね

温暖な地域での生育に適した樹種が多い

G.L.

根は枝葉と同じように横に広がるので、植桝などで横に根が張れない環境には適していない。横に根が張れない環境に植える場合は、強風による倒木対策として支柱などのサポートが必要

針葉樹の特徴

針葉樹のまっすぐに伸びる垂直の幹にはシンプルな美しさがある。マツやレイランディなどは現代の住宅でもよく使われる針葉樹の代表格。容姿のよいマツは庭の主役に、緑が濃いレイランディは目隠しや庭の背景として使うとよい

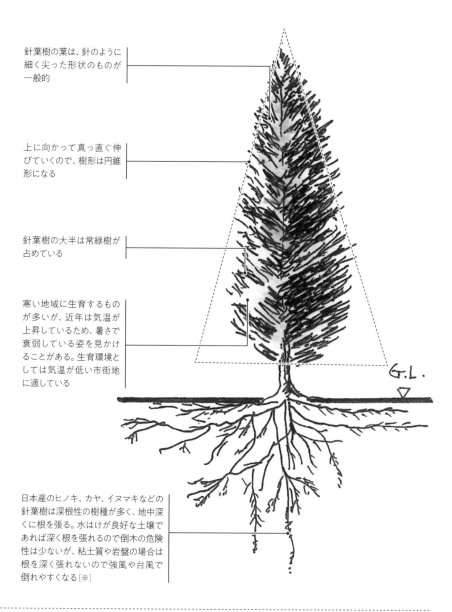

針葉樹の葉は、針のように細く尖った形状のものが一般的

上に向かって真っ直ぐ伸びていくので、樹形は円錐形になる

針葉樹の大半は常緑樹が占めている

寒い地域に生育するものが多いが、近年は気温が上昇しているため、暑さで衰弱している姿を見かけることがある。生育環境としては気温が低い市街地に適している

日本産のヒノキ、カヤ、イヌマキなどの針葉樹は深根性の樹種が多く、地中深くに根を張る。水はけが良好な土壌であれば深く根を張れるので倒木の危険性は少ないが、粘土質や岩盤の場合は根を深く張れないので強風や台風で倒れやすくなる[※]

G.L.

※関東地方は根を張りやすい土壌が多く、関西より西の地域では根を張りにくい土壌が多い

「どこから見るのか」それが大事

バランスよく美しい景観をつくるためには、観賞点を意識することが大切です。その住宅の庭が「どんな場所（部屋）からどんな状態で眺められるのか」ということが、配植や窓の形などに大きく影響するからです。せっかくつくった庭が「なんかイマイチ」にならないためにも、常に観賞点を意識するのを忘れずに。

「家の中から」を基準に考えよう

植栽は、外に出て眺めるよりも、家の中から眺める時間の方が圧倒的に長い。植栽を計画する際は、まずその場所がどの部屋から眺められるのかを考えるとよい

日常生活の中で外に出て庭をゆったり楽しめる時間はそれほど多くない。日本の気候を考えると、夏の暑い日、冬の寒い日、雨の日など、外に出にくい日は意外と多い

日本の自然は過酷！

眺める場所は1箇所だけとは限らない

同じ植栽でも、眺める方角や高さが変わると見え方は大きく変わる。観賞点の違いをうまく利用すれば、1つの庭をいろいろな角度から楽しめる

1階と2階の高さの違いを活用してもよい

庭を囲むように建物を配置したり、中庭にしたりすることで多様な視点が生まれる[56頁参照]

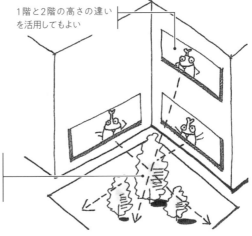

部屋が変われば窓が変わる

窓は部屋のプライバシーレベルによって適切な大きさが異なる。当然、窓が大きく、庭と開放的につながっている部屋ほど、プライバシーレベルは低くなる。とくに高さのある窓は、近隣からの視線が室内に入りやすい

LDK

LDKはプライバシーレベルが比較的低いので、窓を大きくとることが可能

地面から樹木の上まで見渡せるので、高木、中低木、下草、グランドカバーとさまざまな要素を駆使して植栽を計画できる

寝室（個室）

寝室（個室）に上から覗き込まれる窓を設けるのは好ましくない。高さを抑えて地窓などにするとよい

地窓は地面がよく見えるので中低木や下草、グランドカバーを中心に植栽を考える

浴室

観賞点が窓に近く、目線が低いので、地面付近から高いところまで意外と広範囲が見える。そのため、高木を植えることも多い

もちろん浴室内はどこからも覗かれないように計画したい

南向きの庭は直射日光対策が必須

南向きの庭は日当たりがよく、建物の外観を美しく見せやすいので、植栽の王道ポジションです。とくに前面道路が南にある敷地では、アプローチや駐車場に植栽を設すことで、敷地を有効活用しやすくなります。ただし、南向きの庭を眺める窓が夏の日差しをもろに受けてしまうと快適な室内環境が損なわれてしまうので注意しましょう。

こんな南向きの庭はイヤだ

南向きの庭はとても明るく開放的だが、庭を眺める窓が夏の強い日差しにさらされやすいというデメリットがある。夏の直射日光が窓を通して室内に直接射し込んでくると、暑くて庭を眺めるどころではなくなる

直射日光が入り放題

明るく開放的な庭を眺めるために南に向かって大きく高い窓を設けると、部屋の奥まで夏の直射日光が差し込み室温が上がる

真夏の日中はカーテンやブラインドを閉めざるを得ない

植栽が逆光で見える

室内から南向きの庭を眺めると、植物は太陽を背にしているため逆光になる。明暗のコントラストが強くなりすぎて、日中は植物があまりきれいに見えない場合もある

逆光の庭には、葉が薄い樹木を植えることで、日差しが透けて軽い見え方になる。こうした樹木は比較的落葉樹に多い

夏の日差しの遮り方

南向きの庭は、夏の暑い日差しを遮り、冬の暖かい日差しを採り込めるようにすれば、1年中快適な室内環境を維持しつつ、植栽を楽しむことができる

敷地の夏（夏至の12時）の太陽高度は、「90－緯度＋23.4」で求められる。夏至の昼間だけが暑いわけではないが、窓の高さや軒の深さを決める際の目安になる

たとえば、太陽高度が78.4度の地域［※］で窓の高さが1,800mmの場合、夏の日差しは室内の床面に369mm射し込むことになる

この場合は、369mm以上の軒や庇を出せば日差しをカットできる

庇がないとここまで入る

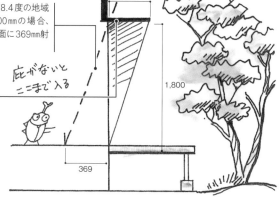

369

1,800

369

軒・庇で視線を誘導

地面に反射した光が軒裏に当たって室内に入ってくるので、軒を深くしてもそれほど部屋は暗くならない

フムフム

日差しをカットして室内は明るくするという昔ながらの工夫だね

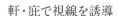

上方向の眺望が遮られるので、低木やグランドカバーなどの地面に近い要素に目が向きやすくなる

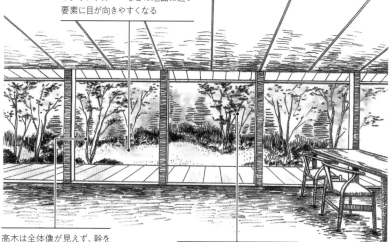

高木は全体像が見えず、幹を眺めることになるので、幹の美しい樹木が生きてくる

横に視線が動くので、庭の水平方向の広がりが意識される

※ 北緯35度の東京の場合、90－35＋23.4＝78.4度となる

北向きの庭も意外とイイ

南側に庭を置きにくい場合は、思い切って北向きの庭にするのもお勧めです。北からは夏の直射日光が射し込まないので、大きく高い窓を設けて庭の景色を広々と楽しむことができます。室内から庭への開放的な眺望を実現したいときは、北向きの庭の方が意外と適しているのです。

植物を存分に楽しむなら北向きの庭

北向きの窓からは、1日を通して安定した穏やかな光が入ってくる。真夏の快晴でも不快な眩しさを感じることはない

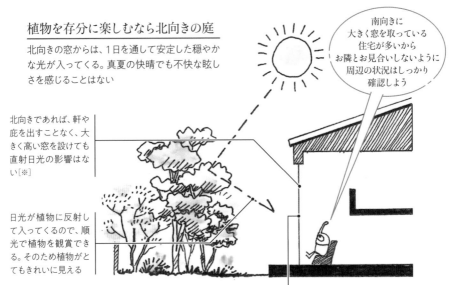

南向きに大きく窓を取っている住宅が多いからお隣とお見合いしないように周辺の状況はしっかり確認しよう

北向きであれば、軒や庇を出すことなく、大きく高い窓を設けても直射日光の影響はない［※］

日光が植物に反射して入ってくるので、順光で植物を観賞できる。そのため植物がとてもきれいに見える

吹抜けに面した高い窓を設けて高木の全体を眺められるような景観をつくることも可能

こんな条件なら北庭がいいかも！

道路が南側に面しており、間口が狭く、駐車場とアプローチにかなりのスペースを取られてしまうような敷地

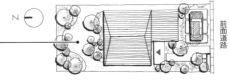

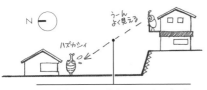

南の隣地が自分の敷地より、かなり高くなっている敷地。このような敷地で南側に庭をとると隣地から見下ろされることになる

北側に開けた敷地や借景になる要素（山が見える、森や緑地が広がっているなど）がある場合

北庭のポイント

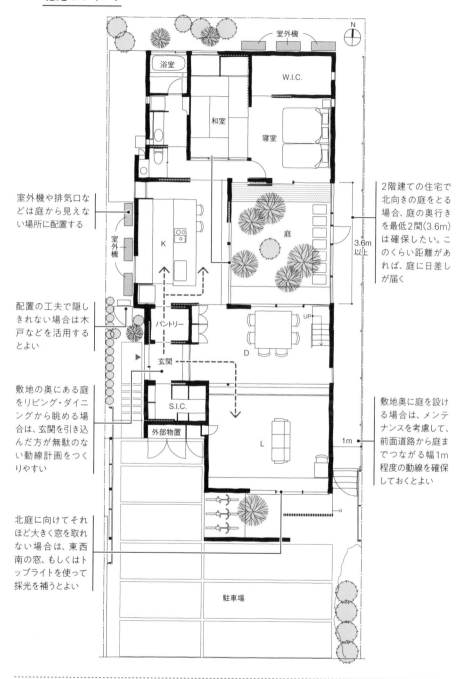

室外機や排気口などは庭から見えない場所に配置する

配置の工夫で隠しきれない場合は木戸などを活用するとよい

敷地の奥にある庭をリビング・ダイニングから眺める場合は、玄関を引き込んだ方が無駄のない動線計画をつくりやすい

北庭に向けてそれほど大きな窓を取れない場合は、東西南の窓、もしくはトップライトを使って採光を補うとよい

2階建ての住宅で北向きの庭をとる場合、庭の奥行きを最低2間(3.6m)は確保したい。このくらい距離があれば、庭に日差しが届く

敷地奥に庭を設ける場合は、メンテナンスを考慮して、前面道路から庭までつながる幅1m程度の動線を確保しておくとよい

室外機

浴室

W.I.C.

和室

寝室

K

庭

3.6m以上

パントリー

UP

D

玄関

S.I.C.

外部物置

L

1m

駐車場

N

※ 庭の向きにかかわらず、大きな窓を設ける場合は窓からの熱損失を考慮し、断熱性能について十分検討する必要がある

建物と植栽の関係を考える　53

東西向きの庭には常緑樹を植えよう

東から昇る朝日と夕方の西日は思っている以上に眩しく、ダイレクトに室内に射し込んでくるとつらく感じてしまうほどです。そのため、東西に向けて庭を設ける場合は、常緑樹を植えて日差しを遮ることが重要です。

常緑樹で日射コントロール

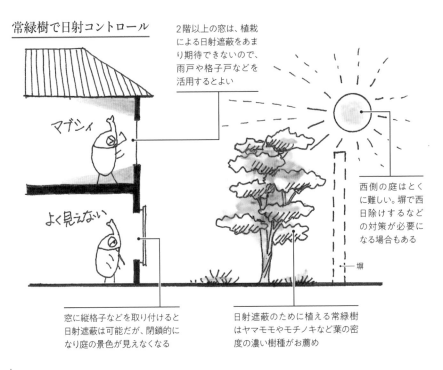

2階以上の窓は、植栽による日射遮蔽をあまり期待できないので、雨戸や格子戸などを活用するとよい

マブシィ

よく見えない

西側の庭はとくに難しい。塀で西日除けするなどの対策が必要になる場合もある

塀

窓に縦格子などを取り付けると日射遮蔽は可能だが、閉鎖的になり庭の景色が見えなくなる

日射遮蔽のために植える常緑樹はヤマモモやモチノキなど葉の密度の濃い樹種がお薦め

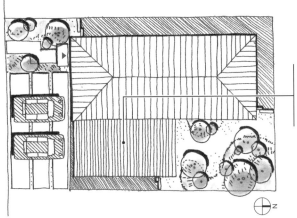

庭の南側に1.5〜2階建以上のボリュームをつくれば、庭に面する東向きや西向きの窓から強い日差しが入ってくる時間帯を短くできる

東西庭のポイント

外物置は、建物の近くに配置して、室内から庭を眺めたときノイズにならないようにする

物干し場に適している場所は、「ある程度の日差しと通風を確保できる」「室内から植栽を眺めたときに視界に入らない」「水廻りの近く」など

東西方向にメインの庭を設けるのは難しいねマブシイ！

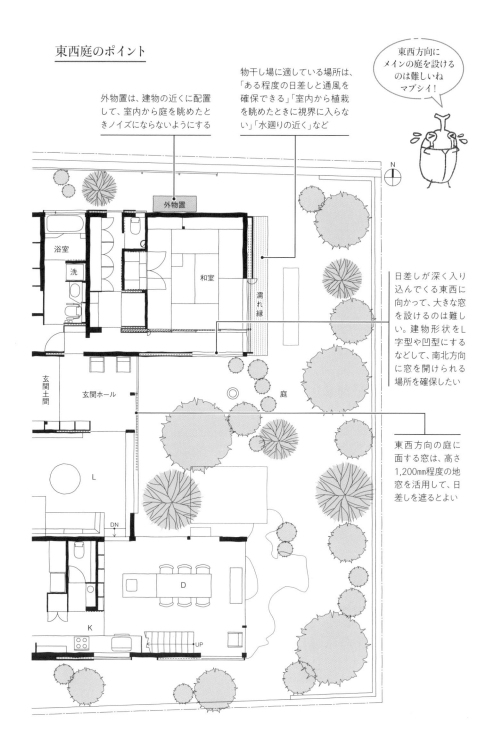

日差しが深く入り込んでくる東西に向かって、大きな窓を設けるのは難しい。建物形状をL字型や凹型にするなどして、南北方向に窓を開けられる場所を確保したい

東西方向の庭に面する窓は、高さ1,200mm程度の地窓を活用して、日差しを遮るとよい

図中のラベル：
外物置、浴室、洗、和室、濡れ縁、玄関土間、玄関ホール、庭、L、DN、D、K、UP、N

中庭でプライバシーを確保する

都市部の住宅地は、三方を2階建ての隣家に囲まれ、前面道路を挟んだ向かい側にも2階建ての家が建っているケースが多いです。のびのびと庭を眺めて暮らそうにも、隣家や道路からの視線が気になって「ほとんど窓を開けられない」ということも珍しくありません。そんな場合は中庭が有効です。内側に向かって窓を開けば、カーテンいらずの生活も可能です。

中庭の3タイプ

L字タイプ

コの字やロの字にするほど、敷地面積に余裕がない場合は建物をL字型にする。L字のコーナー付近に玄関を配置すれば、玄関から二手に分かれる動線がつくりやすい

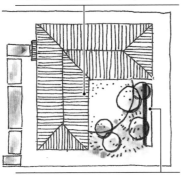

L字のボリュームで周囲の視線をカバーしきれない場合は、高い塀で庭を囲うとよい

ロの字タイプ

最もプライベート性の高い庭。庭の周りを回る回遊性のあるプランになる

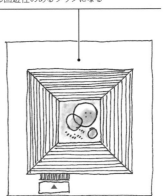

コの字タイプ

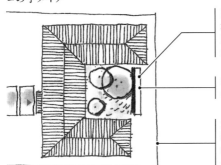

L字よりも敷地面積に余裕がある場合や、敷地が細長い場合はコの字型をつくりやすい。L字と同様、隣家からの視線が気になる場合は残りの一辺を高い塀で囲う

中庭を囲う塀は、隣家の2階からの視線も遮れるように5m程度の高さにするとよい

2m以上の塀は建築物と同じ扱いになるため、敷地境界線ギリギリには立てられない[※1]。敷地境界線から50cm以上の離隔距離を確保すること[※2]

※1 民法225条「囲障の設置」による
※2 民法上は離隔距離50cm以上だが、用途地域や風致条例などの規定により、1〜1.5m以上にしなければならない場合もある

1つの庭でさまざまな表情を楽しめる

1つの庭をさまざまな方向から楽しめるのも中庭の魅力。南北に細長い敷地であれば、「南向きの庭」[50頁参照]と「北向きの庭」[52頁参照]を両方味わえる

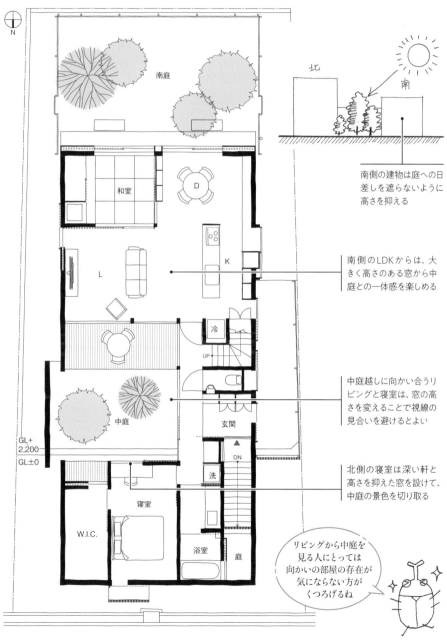

南側の建物は庭への日差しを遮らないように高さを抑える

南側のLDKからは、大きく高さのある窓から中庭との一体感を楽しめる

中庭越しに向かい合うリビングと寝室は、窓の高さを変えることで視線の見合いを避けるとよい

北側の寝室は深い軒と高さを抑えた窓を設けて、中庭の景色を切り取る

リビングから中庭を見る人にとっては向かいの部屋の存在が気にならない方がくつろげるね

プライバシーを守る塀と植栽の作法

家の中と庭のプライバシーを守るために庭を外塀で囲っている家をよく見かけますが、外からの視線をカットするためには、思っている以上に高い塀が必要になります。高い塀は道路から見たときに圧迫感や閉塞感を感じさせてしまうという難点があるので、そんな場合は植栽の力を借りて、プライバシーと美しい外観を両立させましょう。

「高けりゃいい！」ってもんじゃない

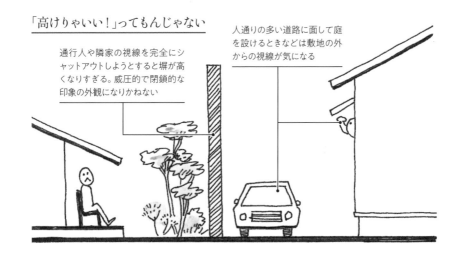

通行人や隣家の視線を完全にシャットアウトしようとすると塀が高くなりすぎる。威圧的で閉鎖的な印象の外観になりかねない

人通りの多い道路に面して庭を設けるときなどは敷地の外からの視線が気になる

縦格子を使ってみる

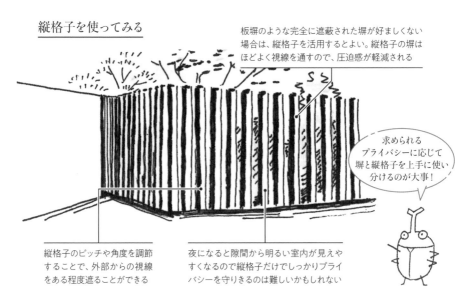

板塀のような完全に遮蔽された塀が好ましくない場合は、縦格子を活用するとよい。縦格子の塀はほどよく視線を通すので、圧迫感が軽減される

求められるプライバシーに応じて塀と縦格子を上手に使い分けるのが大事！

縦格子のピッチや角度を調節することで、外部からの視線をある程度遮ることができる

夜になると隙間から明るい室内が見えやすくなるので縦格子だけでしっかりプライバシーを守りきるのは難しいかもしれない

塀の外に植栽を置いてみる

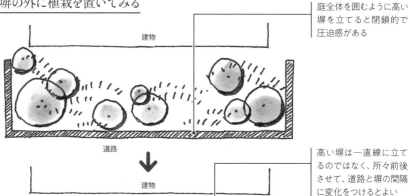

建物

道路

庭全体を囲むように高い
塀を立てると閉鎖的で
圧迫感がある

建物

道路

高い塀は一直線に立て
るのではなく、所々前後
させて、道路と塀の間隔
に変化をつけるとよい

道路と塀の間のスペース
に植栽を施すことで塀の
圧迫感が和らぐ

塀の外の樹木の近くに、樹木を
植えることで、塀の外と内に一
体感が生まれて奥行きを感じら
れるようになる

塀が植栽の背景と
なるので、植物の
美しさも際立つ

低木を中心に植えるとよ
い。あまり大きな樹木を
植えて、通行の妨げにな
らないように注意

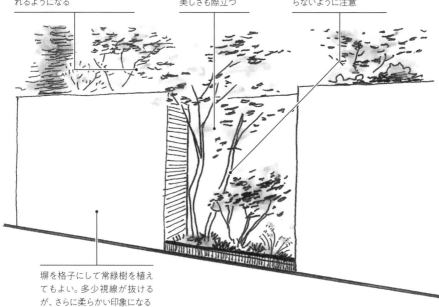

塀を格子にして常緑樹を植え
てもよい。多少視線が抜ける
が、さらに柔らかい印象になる

植栽で外観の魅力を引き立てる

植栽は、基本的には室内からの眺めに重点を置いて計画するものですが、植栽を含む住宅の外観は街並みを形成する重要な要素でもあります。建物が完成した段階ではどこかよそよそしい印象の新築住宅も植物が植えられることで、ずっと前からそこに建っていたかのような親しみのある印象に変わるものです。

植栽の力で潤いのある外観に

植栽のない外観

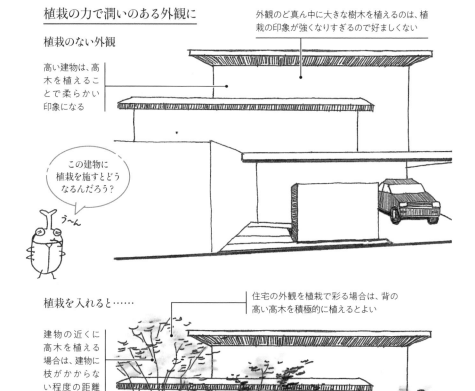

外観のど真ん中に大きな樹木を植えるのは、植栽の印象が強くなりすぎるので好ましくない

高い建物は、高木を植えることで柔らかい印象になる

この建物に植栽を施すとどうなるんだろう？

う〜ん

植栽を入れると……

住宅の外観を植栽で彩る場合は、背の高い高木を積極的に植えるとよい

建物の近くに高木を植える場合は、建物に枝がかからない程度の距離感で配置する

塀や外壁の足元に低木や下草を植えることで、建物の存在感が一層和らぐ

植栽が映える外観づくり

対比でお互いを引き立てる

外壁面の要素をできるだけシンプルにして、明るい色の外装材にする

外壁面を植栽の背景としてキャンバスのように活用すると、建物のボリュームと植栽の対比が際立ち、お互いの存在感が強調される

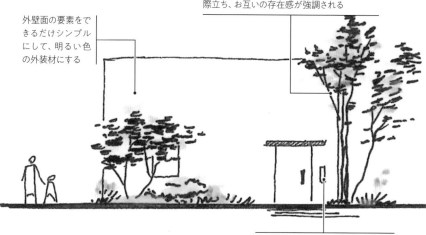

門や塀などの外構要素は、できるだけ少なくして、建物と一体化させる

お互いをなじませて自然に見せる

もともと敷地内に植物が植わっていたかのように自然に見せることで、建物の存在感が和らぎ、落ち着きのある外観になる

少しくすんだようなアースカラーの外装材を採用することで、植栽とのなじみがよくなる

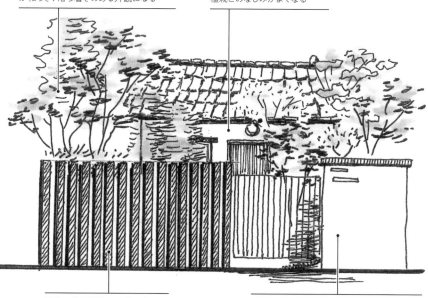

建物と前面道路の距離に余裕があれば、塀や門を取り入れやすい

塀や門などの外構要素にも植栽を施すことで、より身近に植栽を感じられるようにするとよい

テラスは庭の最強アイテム

暮らしのなかで庭を身近な存在にするには、ダイニングやリビングから庭へ直接出入りできる場所があるとよいでしょう。さらに室内と庭との間にテラスなどの「中間領域」をつくることで庭との心理的な距離感がさらに近くなり、庭の活用の幅がぐっと広がります。生活が豊かになること間違いなしです。

庭＋テラスはこんなにイイ！

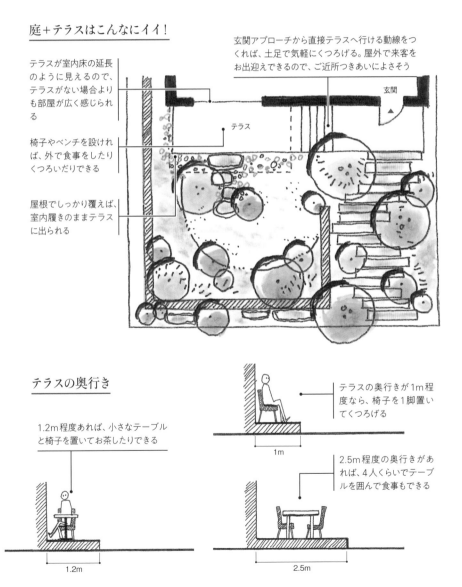

玄関アプローチから直接テラスへ行ける動線をつくれば、土足で気軽にくつろげる。屋外で来客をお出迎えできるので、ご近所つきあいによさそう

テラスが室内床の延長のように見えるので、テラスがない場合よりも部屋が広く感じられる

椅子やベンチを設ければ、外で食事をしたりくつろいだりできる

屋根でしっかり覆えば、室内履きのままテラスに出られる

玄関

テラス

テラスの奥行き

1.2m程度あれば、小さなテーブルと椅子を置いてお茶したりできる

テラスの奥行きが1m程度なら、椅子を1脚置いてくつろげる

1m

2.5m程度の奥行きがあれば、4人くらいでテーブルを囲んで食事もできる

1.2m

2.5m

テラスの床材

ウッドデッキ

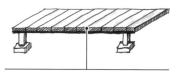

ウッドデッキは室内のフローリングと印象が近く、素足で出ても心地よい。雨による風化を考慮するなら人工木材を用いるという選択肢もある

土間テラス

コンクリートやタイル貼りのテラスは風化に強く安心感がある。庭仕事やDIYなどアウトドアでの活用の幅が広がる

テラスと床のレベル差

室内床とテラスのレベルは近いほど連続感があり、心地よい場所になる。ただし雨水が浸入しないように、レベル差は80mm以上に設定したい［※］

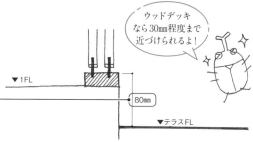

ウッドデッキなら30mm程度まで近づけられるよ!

▼1FL

80mm

▼テラスFL

窓の設えを工夫してテラスとの連続感を高める

引違いの掃出し窓は框があるので、内と外の連続感がイマイチ

引違い窓を片引き窓にして、框を隠すとFIX窓のように見えて視覚的な連続感を得やすくなる

固定される側のサッシは壁の後ろに隠す

テラスの電気設備

テラスと庭の段差は危ないので、暗くなってもその部分がよく見えるように照明を配置する。さらに屋外コンセントがあると、家電や電動工具を使うときに便利

※ サッシの下枠を隠し框にしない場合

移動空間にはピンポイント植栽＆小窓

庭は「リビング・ダイニングなどの長時間過ごす部屋から眺めるもの」というイメージがあるかもしれませんが、ソファや椅子からゆったり眺める以外にも、植栽を楽しめるシチュエーションはあります。たとえば、「廊下や階段などの移動空間に設けた小窓から緑が垣間見える」というのはどうでしょう。ふとした瞬間に見える緑は、生活に潤いを与えてくれます。

植栽のチラリズム

廊下や階段を歩いているときにチラリと緑が垣間見える小窓を設ければ、移り変わる植物の姿を日常的に楽しめる。こうしたピンポイント植栽は450〜600mm四方の小窓から見えるだけでも十分効果的。敷地のちょっとしたスペースを生かして樹木を1本植えるだけで、印象的なシーンをつくれる

階段の踊り場

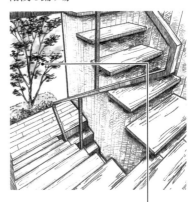

踊り場の窓は、視点の移動に伴って、植栽の見え方がダイナミックに変化する

廊下の突き当たり

大きな窓を設けると、見たくないものまで見えてしまう場合は、ピンポイント植栽＆小窓が有効

玄関ホールの足元

隣地からの見下ろしが気になる場所であれば、地窓を活用するとよい

アプローチ階段から垣間見える浴室庭

浴室庭平面

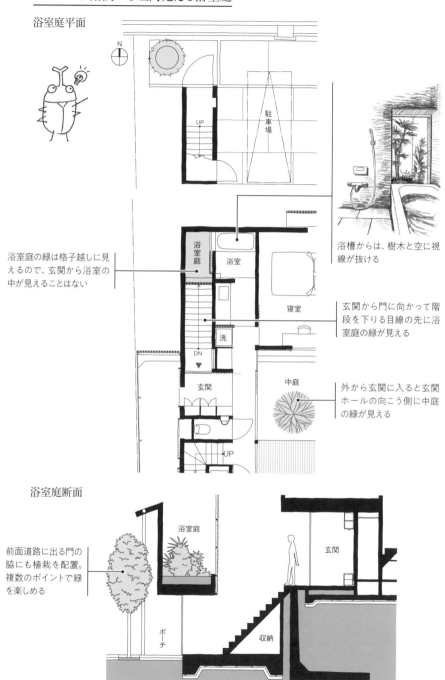

浴室庭の緑は格子越しに見えるので、玄関から浴室の中が見えることはない

浴槽からは、樹木と空に視線が抜ける

玄関から門に向かって階段を下りる目線の先に浴室庭の緑が見える

外から玄関に入ると玄関ホールの向こう側に中庭の緑が見える

浴室庭断面

前面道路に出る門の脇にも植栽を配置。複数のポイントで緑を楽しめる

キッチンからも庭を眺めたい！

クライアントの要望で意外と多いのが「キッチンから庭を眺められるようにしてほしい」というものです。キッチンは基本的には作業場なので、リラックスするための場所ではありませんが、朝・昼・夕と1日のいろんな時間帯で立ち働くことになります。そのため「気持ちよい眺めを手に入れたい！」と考える人が多いのです。

ダイニングを介して庭を見る

対面型キッチンでダイニングを介して庭を見せる場合、「庭とダイニングに正対する」か「横を向くとダイニング越しに庭が見える」のどちらかの位置関係が基本になる

庭とダイニングに正対する

アイランド型かペニンシュラ型のキッチンになる。その場合は見晴らしを良くするために、吊り戸棚などがダイニング側の天井に出ないようにしたい

換気や掃除に配慮してコンロとレンジフードだけを背面にセパレートしてもよい

横を向くと庭とダイニングが見える

作業台越しに庭を眺めるわけではないので、吊り戸棚などを設けやすい

ダイニングを介して庭を眺めると、下向きの目線が通りにくくなる。高めの目線で景色を見られるように高さのある窓にしたい

ダイニングから庭を見る窓は大きめになることが多いので、庭も比較的大きくしたい

窓が大きい場合、庭の奥行きが小さいと立体感のない景色になってしまう。庭の奥行きが確保できない場所は、あえて窓を小さくするというのも手

キッチンの窓から直接庭を見る

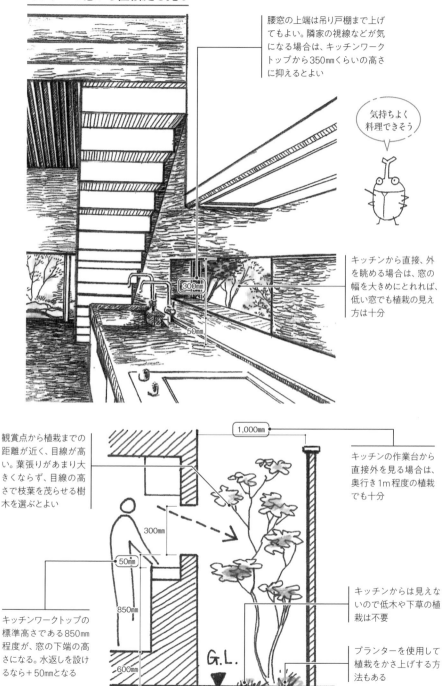

腰窓の上端は吊り戸棚まで上げてもよい。隣家の視線などが気になる場合は、キッチンワークトップから350mmくらいの高さに抑えるとよい

気持ちよく料理できそう

キッチンから直接、外を眺める場合は、窓の幅を大きめにとれれば、低い窓でも植栽の見え方は十分

300mm

50mm

1,000mm

観賞点から植栽までの距離が近く、目線が高い。葉張りがあまり大きくならず、目線の高さで枝葉を茂らせる樹木を選ぶとよい

キッチンの作業台から直接外を見る場合は、奥行き1m程度の植栽でも十分

300mm

50mm

850mm

600mm

G.L.

キッチンワークトップの標準高さである850mm程度が、窓の下端の高さになる。水返しを設けるなら+50mmとなる

キッチンからは見えないので低木や下草の植栽は不要

プランターを使用して植栽をかさ上げする方法もある

浴室の窓から緑を堪能する

「庭付きの浴室なんて贅沢……」と思いきや実は1畳くらいの小さなスペースがあれば実現可能です。敷地に小さなスペースを残せるのであれば、その場所を坪庭に活用してみてください。ゆったりと湯船に浸かりながら外の美しい緑を眺めるのは格別の心地よさがあります。

浴室庭の平面計画のポイント

浴室はあまり見晴らしのよい場所にならないことが多いので、どちらかというと裏側にひっそりと設けることになる

重要なのはプライバシーの確保。窓の正面には高さのある塀を配置して目隠しをする。必要であれば、庭の両端にも塀を設けて、コの字の塀で庭を囲むと安心感がある

浴槽の長手方向に沿って窓があると観賞点が窓のすぐ近くになるので庭の足元（地面）がよく見える

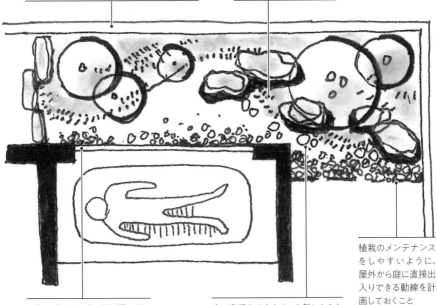

植栽のメンテナンスをしやすいように、屋外から庭に直接出入りできる動線を計画しておくこと

浴室の窓の幅と庭の幅が同じだと寸詰まりな印象になる。庭の幅は窓の幅の倍程度あるとよい

庭の奥行きは小さくても気にならないが、幅は重要になる。とくに浴槽の足元側の幅を大きく取りたい

日当たりや風通しをあまり期待できない環境になりやすいけど、樹種選定を的確に行えば大丈夫！

浴槽の足元側に窓がある

観賞点が窓から離れているので、庭の足元（地面）はあまり見えない。一方、上方はよく見える。この場合、庭の幅よりも奥行きの確保が重要になる

浴室庭の高さ計画

隣地境界線の近くの塀は高さ2mまでであれば隣地の許可を要せず立てることが可能。これを超える高さの塀を立てたい場合は、隣地の同意をとるか隣地境界と民法上の離隔距離（50cm）を確保する

塀の高さや塀と窓の距離を調整しながら、外部からの視線をカットできる計画を検討する

植栽の生育に配慮して、日差しや雨を遮ってしまう軒や庇の出は最小限にする

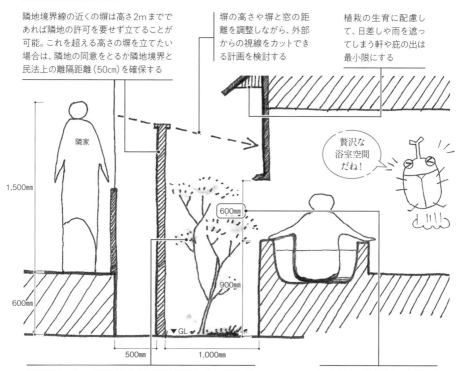

隣家

1,500mm

600mm

600mm

900mm

▼GL

500mm

1,000mm

贅沢な浴室空間だね！

坪庭は狭いので、葉張りの大きな植物は植えにくい。設計GLに植えた植栽の枝葉が浴室の窓まで届かないということも起こり得るので、場合によっては、高植え［106頁参照］をするか、植桝やプランターを用いて土のレベルを上げる必要がある

窓を低めに設定することが、プライバシーを確保するうえでは重要。窓の高さは浴槽の縁から＋600mmあれば十分

アプローチには"視線のトメ"をつくる

道路と玄関をつなぐアプローチは、日常的に出入りする家族はもちろん来客にも癒しを与える空間にしたいところです。石やタイルを敷いてきれいな通路をつくったり、塀や生垣で囲ったり、形のよい樹木を植えたりとさまざまな方法がありますが、「動線」を意識するとより魅力的な場所になります。

動線を曲げることでアプローチは豊かになる

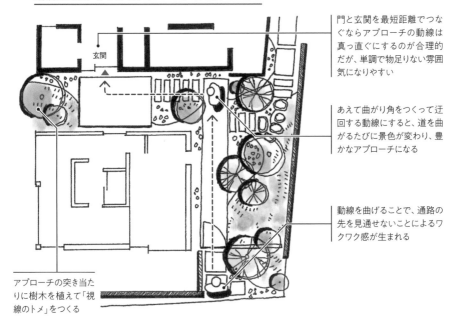

玄関

門と玄関を最短距離でつなぐならアプローチの動線は真っ直ぐにするのが合理的だが、単調で物足りない雰囲気になりやすい

あえて曲がり角をつくって迂回する動線にすると、道を曲がるたびに景色が変わり、豊かなアプローチになる

動線を曲げることで、通路の先を見通せないことによるワクワク感が生まれる

アプローチの突き当たりに樹木を植えて「視線のトメ」をつくる

樹木1本でも豊かなポーチ

前面道路のすぐ近くまで玄関が迫っているような状況でも、ドアの脇に樹木が1本植えられているだけで、落ち着きのあるポーチになる

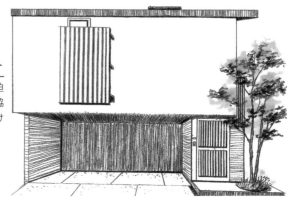

短距離でも豊かなアプローチ

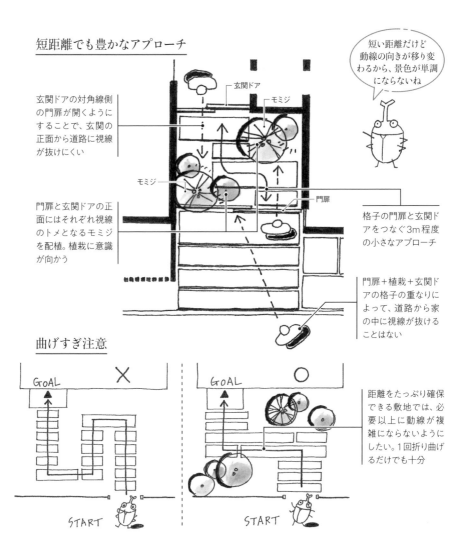

玄関ドアの対角線側の門扉が開くようにすることで、玄関の正面から道路に視線が抜けにくい

門扉と玄関ドアの正面にはそれぞれ視線のトメとなるモミジを配植。植栽に意識が向かう

玄関ドア

モミジ

モミジ

門扉

短い距離だけど動線の向きが移り変わるから、景色が単調にならないね

格子の門扉と玄関ドアをつなぐ3m程度の小さなアプローチ

門扉＋植栽＋玄関ドアの格子の重なりによって、道路から家の中に視線が抜けることはない

曲げすぎ注意

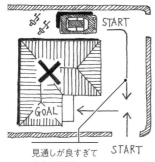

GOAL ✕

START

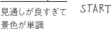

GOAL ◯

START

距離をたっぷり確保できる敷地では、必要以上に動線が複雑にならないようにしたい。1回折り曲げるだけでも十分

複数の動線は少しずらす

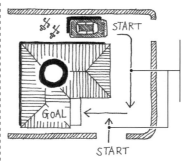

START
✕
GOAL
START

見通しが良すぎて景色が単調

START
◯
GOAL
START

複数の動線を設ける場合は、互いのルートが一直線に抜けないように少しずらすとよい

メインツリーには全身を見渡せる窓を

メインツリーがあると景観に重点が生まれて、バランスのよい庭をつくりやすくなります。メインツリーとなる樹木は樹形が美しく、大きなものが選ばれることが多いのですが、大きな樹木を見るには大きな窓が必要。せっかくなら家の中からでも美しい樹木の全体を眺められるようにしたいところです。

メインツリーは高い窓とセットで考える

床から天井までの高さの窓があれば、室内から樹木の全身が見えやすい

窓辺に立つとよく見える

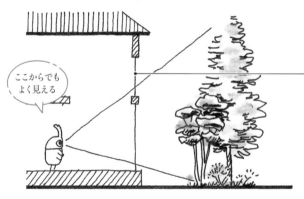

庭に面した吹抜け空間をつくり、窓の高さをさらに高くすれば、窓辺から少し離れた場所からでもよく見える

ここからでもよく見える

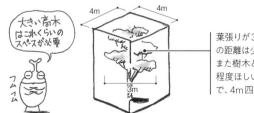

大きい高木はこれくらいのスペースが必要

フムフム

葉張りが3mの樹木であれば窓との距離は少なくとも2m程度必要。また樹木と隣地境界の距離も2m程度ほしい。幅も同程度必要なので、4m四方の広さがあるとよい

高い窓は日差しに注意！

高い窓は日差しも室内に呼び込む。そのため庭の方角によっては、日差対策が必要になる。ただし北向きの庭であれば日差しを気にする必要はないので、高い窓を設けるにはうってつけ[52頁参照]

メインツリーのための高さ設計術

「窓と観賞点の距離」「窓と樹木の距離」「樹木の高さ」などの条件によって、樹木全体を見渡せる窓の高さは変わる。以下はあくまで一例だが、おおよそのスケール感をつかむ参考にしてほしい

窓が低いと家の中から樹木の全体が見えない。窓辺に立てば見えるかもしれないが、家の中から一部分しか見られないのは少しもったいない

高い窓を設ければ樹木の全体を眺めやすい。観賞点が家の奥にあっても、樹木の姿を存分に楽しめる

大きく美しいメインツリーを植栽の中心にすることで、バランスの取れた配植をしやすくなる[88頁参照]

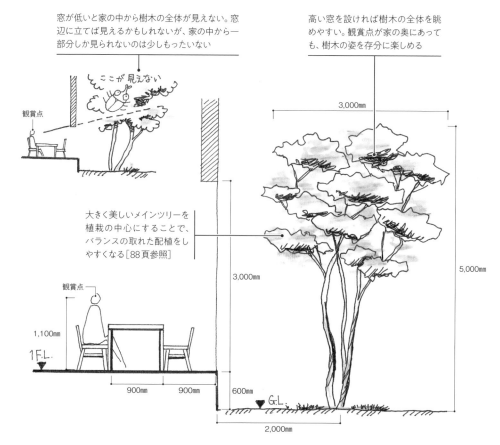

ここが見えない

観賞点

3,000mm

3,000mm

5,000mm

観賞点

1,100mm

1 F.L.

900mm　900mm

600mm　G.L.

2,000mm

イイ植栽は地面で語るべし

植栽の見どころといえば「空に伸びる樹木の枝葉！」と感じる方は多いかもしれません。もちろん枝葉を広げ、花を咲かせる樹木の姿は庭の大切な要素です。しかし、植栽には目線よりも低い場所に、低木、下草、グランドカバー、園路、景石といったさまざまな要素がちりばめられています。こうした地面に近い要素をしっかりとつくり込むことで、植栽に「格」が生まれるのです。

地面ってそんなに大事なのかい？

じっくり庭を眺めていると、実は足元に広がる草花やコケ、石、砂利などにも視線が向くことに気が付く。また、庭のテイストの違いも、地面のつくり込みに影響される部分が大きい

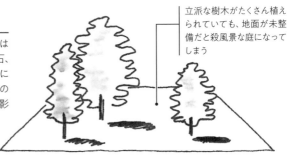

立派な樹木がたくさん植えられていても、地面が未整備だと殺風景な庭になってしまう

地面を整えることで、小さな植栽スペースでもきれいにまとまる

地面の起伏を生かし、地際を美しくつくり込めば、低木や下草だけで美しい庭をつくることも可能

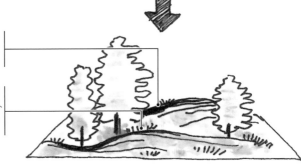

ぼくは
カブトムシ

人間工学では、人間の視線は水平より15度程度下向きの状態が自然であるといわれている。そのため庭の景色を日常的になんとなく眺めるときは、地面に視線が落ちやすい

地面を見せるなら地窓が最強

地面は「見えていればいい」というわけではない。「室内と近く感じさせる」ことが重要だ。その際、地窓は植栽を見せる窓として非常に適している

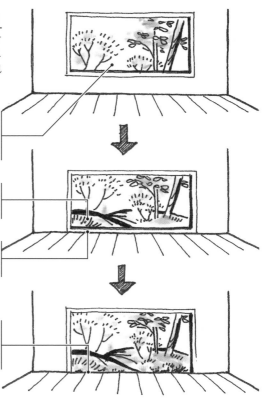

植栽スペースに十分な奥行きがあれば腰窓でも遠くの地面は見えるが、室内の床と地面の連続感は感じられない

地窓にすれば手前の地面がしっかり見えるので、室内と植栽との連続感が感じられる

ただし、サッシ枠や框などで地窓が縁取られていると、仕切り感が強調される

地窓の下枠がしっかり隠れていれば、サッシの存在感が希薄になり、室内と庭のつながりをより強く感じられるようになる

もちろん地窓が万能なわけではない

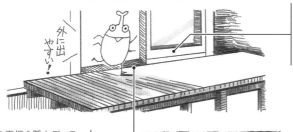

外に出やすい！

テラスやデッキにつながる掃出し窓は、室内外の段差を小さくして「動きの連続感」を優先した方が、庭との心理的な距離感を近づけてくれる

窓の下框を隠すディテールにすると、室内外の段差が大きくなるので、必ずしも下框を隠した方がよいとは限らない

窓際で、ベンチや椅子に腰かけてくつろぐ家具のレイアウトであれば、低めの腰壁がある方が居心地がよいこともある

小さな庭にピッタリの「地窓」活用テク

庭の配置を計画する際、基本的にはLDKなどのメイン空間からの眺めを優先して考えていくことが多いと思います。そうすると、それ以外の場所に植栽を設けようとしても建物と敷地境界線の間の狭いスペースしか残らないことも珍しくありません。そのような植栽スペースには「地窓」を活用することをお勧めします。

地窓で視線をカット

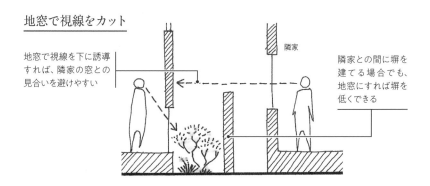

地窓で視線を下に誘導すれば、隣家の窓との見合いを避けやすい

隣家

隣家との間に塀を建てる場合でも、地窓にすれば塀を低くできる

移動空間の地窓は高さ1,200㎜を目安に

1:200㎜

敷地の余りに設けた小さな植栽スペースは、玄関、廊下などの移動空間から見せるのが効果的［64頁参照］

高さ1,200㎜程度の地窓であれば、それほど閉塞感を感じない。意外と開放的な眺めを楽しめる

植栽計画は、低木や下草、グランドカバーなど、地面のつくり込みが中心になる

居室の地窓は高さ1,500mmを目安に

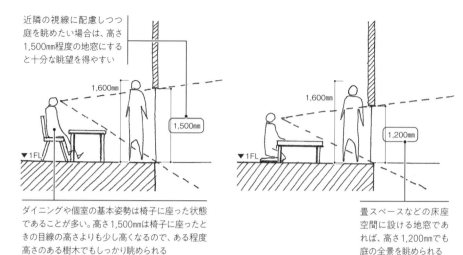

近隣の視線に配慮しつつ庭を眺めたい場合は、高さ1,500mm程度の地窓にすると十分な眺望を得やすい

1,600mm

1,500mm

▼1FL

1,600mm

1,200mm

▼1FL

ダイニングや個室の基本姿勢は椅子に座った状態であることが多い。高さ1,500mmは椅子に座ったときの目線の高さよりも少し高くなるので、ある程度高さのある樹木でもしっかり眺められる

畳スペースなどの床座空間に設ける地窓であれば、高さ1,200mmでも庭の全景を眺められる

地窓がスッキリ見える納まり

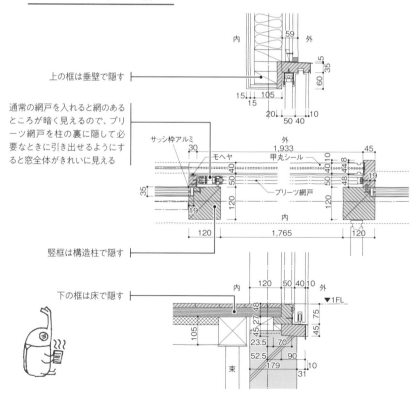

上の框は垂壁で隠す

内　　　59　外

5
35
60

15　105
15
20　10
50　40

通常の網戸を入れると網のあるところが暗く見えるので、プリーツ網戸を柱の裏に隠して必要なときに引き出せるようにすると窓全体がきれいに見える

サッシ枠アルミ
30
モヘヤ

外
1,933
甲丸シール

45
8

50 40 10
50 40 10

48 44

35
50 40
120

プリーツ網戸
19

120

19

内

120
1,765
120

竪框は構造柱で隠す

下の框は床で隠す

内　120　50 40 10　外
▼1FL

45 27 48
105
45 75

23.5　70
52.5　90
179
31
10

束

庭に奥行きがあれば腰窓も使える

庭を眺める窓は下端が床レベルまで達している状態が望ましいのですが、庭に十分な奥行きがあるなら「腰窓」にしてもよいでしょう。また奥行きがなくても、庭の奥の地面が盛り上がるように傾斜をつければ、腰窓から立体的な景色を楽しむことができます。

こんなときなら腰窓もイイ

窓辺にベンチを造りつけたり、窓辺に椅子を置くレイアウトにしたりする場合は、腰窓にすると落ち着きのある場所になる

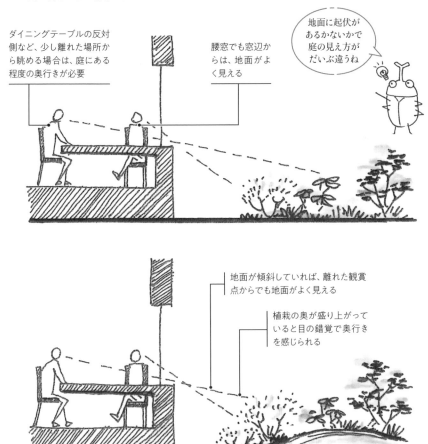

ダイニングテーブルの反対側など、少し離れた場所から眺める場合は、庭にある程度の奥行きが必要

腰窓でも窓辺からは、地面がよく見える

地面に起伏があるかないかで庭の見え方がだいぶ違うね

地面が傾斜していれば、離れた観賞点からでも地面がよく見える

植栽の奥が盛り上がっていると目の錯覚で奥行きを感じられる

腰壁の高さによる印象の違い

窓の外にテラスやデッキがある場合の腰壁の高さは一歩でまたげる300mm程度がよい

300〜450mmくらいの高さなら室内から見て「壁で仕切られている」という印象はあまり強くならない

300〜450mm

ベンチ代わりに窓台に座れるようにするなら450mm程度がちょうどよい高さ

腰壁が600mm以上になると「ある程度仕切られている」という印象になる

720mm

壁にダイニングテーブルなどを横付けする場合はテーブルの高さと同じ720mm程度にするとすっきり見える

盛土の擁壁は安全に

庭の景色に立体感を出すために、敷地境界線ギリギリまで土を盛るときは、土が隣地に崩れないようにコンクリートの擁壁でしっかり支える必要がある。自治体によっては、擁壁の標準図を公開しているところもある。それらの資料を参考に各寸法を検討し、構造設計事務所に構造計算を依頼して、安全性を担保しておきたい

L型擁壁の設計例

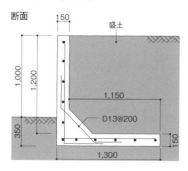

断面
150
盛土
1,000
1,200
1,150
D13@200
350
150
1,300

平面(底盤)
D13@200
D13@250

平面(立上り)
D13@200
D13@250

窓枠をなくせば庭はさらに美しく見える

庭を眺めるための窓は枠をなくして、ガラスだけを見せた方がすっきりします。開閉しないFIX窓(嵌め殺し窓)であればそれほど難しくありませんが、換気や出入りのために開閉する必要があると、窓枠(サッシ)の内側にガラスをスライドさせるための框が必要になるので、少し工夫しないといけません。

窓枠が「あるとき…」「ないとき!」

窓枠の有無など些細な違いに思えるかもしれないが、同じ大きさの窓で比べてみると見え方の印象が大きく変わることがわかる。窓の存在感を極力なくすことで、植栽が引き立ち、緑が美しく見える

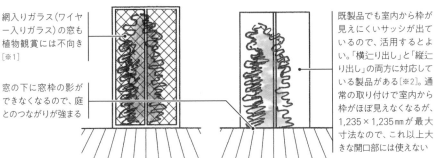

網入りガラス(ワイヤー入りガラス)の窓も植物観賞には不向き[※1]

窓の下に窓枠の影ができなくなるので、庭とのつながりが強まる

既製品でも室内から枠が見えにくいサッシが出ているので、活用するとよい。「横辷り出し」と「縦辷り出し」の両方に対応している製品がある[※2]。通常の取り付けで室内から枠がほぼ見えなくなるので、1,235×1,235㎜が最大寸法なので、これ以上大きな開口部には使えない

枠なし窓の設計ポイント

辷り出し窓(アルミサッシ)

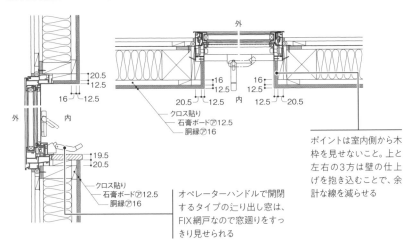

外

20.5
12.5
16 12.5

外 内

19.5
20.5

クロス貼り
石膏ボード⑦12.5
胴縁⑦16

16
12.5
20.5 12.5

16
12.5
12.5 20.5

内

クロス貼り
石膏ボード⑦12.5
胴縁⑦16

オペレーターハンドルで開閉するタイプの辷り出し窓は、FIX網戸なので窓廻りをすっきり見せられる

ポイントは室内側から木枠を見せないこと。上と左右の3方は壁の仕上げを抱き込むことで、余計な線を減らせる

引違い窓・片引き窓（アルミサッシ）

通常の取り付けである程度枠を隠せる製品もあるが［※3］、多少は枠が見えるので、室内側の造作で枠を隠したい

召し合わせの縦框が最も目立つので、この部分は方立で隠す

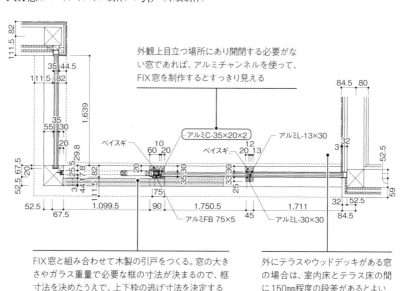

引違い窓の召し合わせ位置をセンターからずらせる製品［※4］を使うと視界の中心に方立が立たないので、景色が見やすく感じられる

引違い窓の半分を隠して、片引き窓のように見せてもよい

外観はすっきりした見た目にはならないので、外から見えない位置の窓に活用したい

FIX窓（アルミチャンネル制作）＋引戸（木製制作）

外観上目立つ場所にあり開閉する必要がない窓であれば、アルミチャンネルを使って、FIX窓を制作するとすっきり見える

アルミC-35×20×2
アルミL-13×30
ベイスギ
アルミFB 75×5
アルミL-30×30

FIX窓と組み合わせて木製の引戸をつくる。窓の大きさやガラス重量で必要な框の寸法が決まるので、框寸法を決めたうえで、上下枠の逃げ寸法を決定する

外にテラスやウッドデッキがある窓の場合は、室内床とテラス床の間に150mm程度の段差があるとよい

※1 防火地域や準防火地域に建つ建物の場合は、防火戸、防火シャッター、網入りガラスなどの設置が必要な場合があるので注意（建築基準法第2条9号の2ロ）　※2『サーモスⅡ』（LIXIL）など　※3『LWスライディング』（LIXIL）など　※4『引違い窓HKタイプ』（LIXIL）など

地面と床を近づける

床と地面を近づけることで、目線が下がり床と植栽との物理的な距離が近づいたように感じられます。また、庭に出入りする際の動きが楽になるため、心理的な距離感も近くなります。屋内と屋外の距離感が近くなれば、より身近に植栽を楽しめるようになります。もちろん床を高くすることにもメリットがあるので、バランスをとることが大切です。

ベタ基礎なら床を下げてもOK

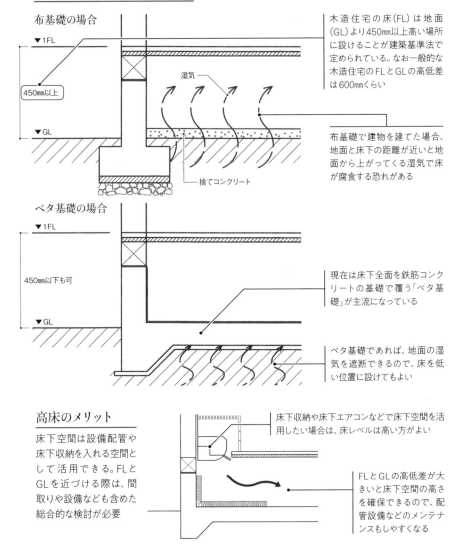

布基礎の場合

▼1FL

450mm以上

湿気

▼GL

捨てコンクリート

木造住宅の床（FL）は地面（GL）より450mm以上高い場所に設けることが建築基準法で定められている。なお一般的な木造住宅のFLとGLの高低差は600mmくらい

布基礎で建物を建てた場合、地面と床下の距離が近いと地面から上がってくる湿気で床が腐食する恐れがある

ベタ基礎の場合

▼1FL

450mm以下も可

▼GL

現在は床下全面を鉄筋コンクリートの基礎で覆う「ベタ基礎」が主流になっている

ベタ基礎であれば、地面の湿気を遮断できるので、床を低い位置に設けてもよい

高床のメリット

床下空間は設備配管や床下収納を入れる空間として活用できる。FLとGLを近づける際は、間取りや設備なども含めた総合的な検討が必要

床下収納や床下エアコンなどで床下空間を活用したい場合は、床レベルは高い方がよい

FLとGLの高低差が大きいと床下空間の高さを確保できるので、配管設備などのメンテナンスもしやすくなる

下げすぎにはご用心

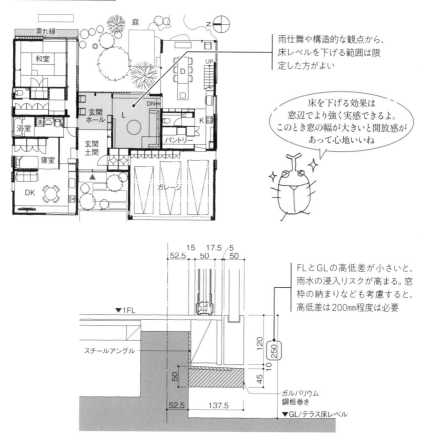

雨仕舞や構造的な観点から、床レベルを下げる範囲は限定した方がよい

床を下げる効果は窓辺でより強く実感できるよ。このとき窓の幅が大きいと開放感があって心地いいね

FLとGLの高低差が小さいと、雨水の浸入リスクが高まる。窓枠の納まりなども考慮すると、高低差は200mm程度は必要

▼1FL

スチールアングル

ガルバリウム鋼板巻き

▼GL/テラス床レベル

地面を上げるという手も

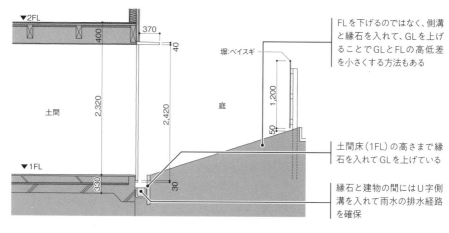

FLを下げるのではなく、側溝と縁石を入れて、GLを上げることでGLとFLの高低差を小さくする方法もある

塀：ベイスギ

土間床（1FL）の高さまで縁石を入れてGLを上げている

縁石と建物の間にはU字側溝を入れて雨水の排水経路を確保

2階から見下ろす景色を楽しむ

2階のLDKから庭を眺める場合は、1階から眺める場合と目線の高さが大きく異なります。周辺の環境によって、地面の景色のつくり込みを重視するのか、目線の高さまで届くような樹木を植えるのかなど、植栽の考え方が異なります。

地窓から庭を見る

2階の窓を地窓にして地上の庭を見下ろすと、下から2階の部屋の中がまる見えになるので、中庭などのプライバシーがしっかり確保できる庭で採用したい

2階の部屋はLDKなど、住宅内でのプライバシーがそれほど必要としない部屋の方が開放的なつくりにできる

株立ちのモミジなど葉張りの大きな木を見下ろすと、緑の絨毯を眺めているような風情のある景色を楽しめる

和室なら雪見障子を設けて庭を眺めるのもよい

吹抜け越しに見る

2階から吹抜け越しに庭を眺められる場所をつくれば、開放的な視線の抜けを確保できる。庭の全体像がよく見える

開放感があってイイね〜

2階LDKの2タイプ

2階にLDKを配置するプランニングは、おおよそ以下の2タイプに分類される。「眺望のよい敷地で、2階から遠くの景色が望めるタイプ」と「住宅密集地で採光を得るために2階にLDKを配置するタイプ」だ

眺望のよい敷地で2階から遠くの景色が望める

2階から見える眺望を遮らないように、植栽の高さを控えめにする

庭の見え方は「見下ろし」の視点になる

見下ろしの視点で、周辺の低い場所に見せたくないものがあれば、それを隠す目隠しとして植栽を活用できる

採光を得るために2階にLDKを配置する

敷地境界付近には塀や葉が密な常緑樹を置く

見下ろしの視点と同時に、水平レベルの視点で植栽を楽しめるように、高さのある樹木を中心に植えるとよい

窓の近くには軽さのある落葉樹を植える

2階の高さで周辺からの視線を遮る必要があるので、高い塀を立てたり、5m以上の高木を植えたりして目隠しする必要がある

ライティングはご近所に配慮しよう

美しい庭がつくれて、近隣からの覗き込みもある程度防げる状況が整っているのであれば、夜でもブラインドやカーテンを下ろすことなく庭を眺める生活が可能です。真っ暗な庭を眺めるわけにもいかないので、照明でライトアップすることになりますが、太陽光とは一味違った立体感を庭に与えることができます。

ライトアップは控えめに

植栽をライトアップする際は近隣に十分考慮しなければならない。夜間のライトアップは思った以上に明るく感じられるので、トラブルにつながる可能性がある

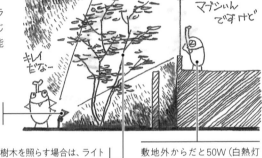

照明の明るさは敷地外からの見え方を基準に考える

地面からあおって樹木を照らす場合は、ライトの光が隣家の窓に入らないように注意

敷地外からだと50W（白熱灯換算）でも少し明るく感じられる

室内の照明の明るさを外に合わせる

外からの見え方を基準に植栽をライトアップすると、家の中からは庭が薄暗く感じられることがある。その場合は、室内照明の明るさを落としてバランスをとれるようにしておくとよい

室内の照明器具は、ペンダントライト・ダウンライト・ブラケットライトなどの照明の種類ごとに系統を分けてON/OFFを切り替えられるようにしておくと明るさを調整しやすい

ペンダントライトや、照射範囲の狭いダウンライトなどを活用して、必要な場所を部分的に明るくできるようにスイッチ系統を分ける

調光機があると便利。LED用調光器は高額なので、白熱灯用の調光器にすれば、イニシャルコストを抑えられる。ただし消費電力や電球の取り換えなどのランニングコストも考慮して選択することが大切

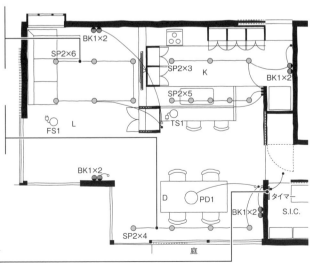

ライティングのポイント

建物側から樹木に向かって光を当てると、樹木の姿がよく見える

庭園灯の明るさは15W（白熱灯換算）で十分。この明るさの場合、照明器具どうしの距離は2〜3m程度がちょうどよい

地面の植栽は庭園灯で照らす。段差があり歩行に注意が必要な場所、美しいコケや印象的な景石がある場所に配置する

照明全体の色温度を電球色（2,700〜3,000K）でそろえるとまとまりよく見える

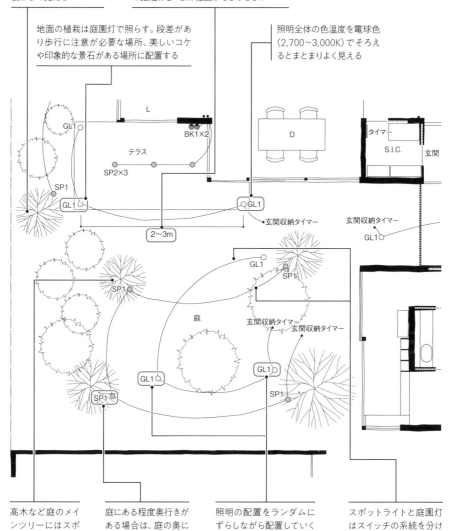

高木など庭のメインツリーにはスポットライトを当てる

庭にある程度奥行きがある場合は、庭の奥にも照明を設置する

照明の配置をランダムにずらしながら配置していくと人工的な印象が薄まる

スポットライトと庭園灯はスイッチの系統を分けておくと使いやすい

LEDは色温度を自由に設定できる製品もあるよ

植栽計画はメイン1本を軸にする

美しい庭をつくるためのカギは構成とバランスです。きれいな植物をたくさん植えたいという気持ちは分かりますが、多種多様な植物を植えるほど庭全体のバランスをとりづらくなり、まとまりのない印象になってしまいます。まずはメインとなる植栽を1つ決め、それに合わせて植栽全体の調子を整えていくとよいでしょう。

「幕の内弁当」はまとまらない

いろんなおかずがギッシリ詰まった「幕の内弁当」よろしく、住宅の庭にいろんな植物を植えすぎると雑然とした景色になってしまう

それぞれの植物をすぐ近くで観賞するときはよいかもしれないが、全景はゴチャゴチャする

植物の密度が高すぎると、風通しや日照条件が悪くなり、病害虫が発生しやすくなる。その分、剪定などの維持管理に手間と費用がかかる

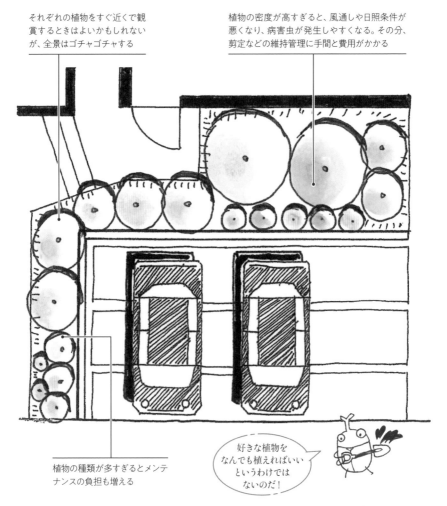

植物の種類が多すぎるとメンテナンスの負担も増える

好きな植物をなんでも植えればいいというわけではないのだ！

「メイン1品弁当」が計画の基本

植栽計画の構成はシンプルが基本。メインツリーとなる樹木を1つ決め、その調子に合わせて
ほかの植栽を配置していく。メインツリーは必ずしも個性的なものでなくてもよい

メインツリーに添
える中木は、2種
類以下の大きさ
の違うもので構
成する

メインツリーがモミジのような
落葉樹の場合、少し小ぶりで
柔らかい葉を茂らせるヒサカ
キやちょっと葉の大きなミナリ
コクチナシ、ヒゼンマユミなど
の常緑樹で根元を引き締める

観賞点を決め、そこ
からよく見える位置
にメインツリーを配
置する

低木は1種類でもよい。
ユキヤナギ、ヤマブキ、
ヒサカキのようなサラ
サラ系の樹木はモミジ
との相性がよい

メインツリー

下草やグランドカバーは、ヤブラ
ン、キチジョウソウ、フッキソウ、
タイムなどの常緑の多年草をベ
ースに3種類程度で構成する

複数の樹木を
メインツリーにする
場合は樹種を統一して
大きさで変化を
つけるといいよ

メインツリーの対になる位
置にハイノキなどの常緑
樹やドウダンツツジなどの
落葉樹の中木を植える

常緑樹と落葉樹はコンビで考える

植栽計画では、常緑樹と落葉樹のバランスが大切なポイントになります。このバランスは、景色の主役が常緑樹なのか落葉樹なのかに応じて、組み合わせを検討すればうまくまとめることができます。

落葉樹が主役

季節の移ろいに合わせて姿を変える落葉樹は、常緑樹よりも庭の主役として好まれることが多い。しかし落葉樹ばかりでは冬の庭が閑散とするので、落葉樹7：常緑樹3の割合を意識して常緑樹を加えるよい

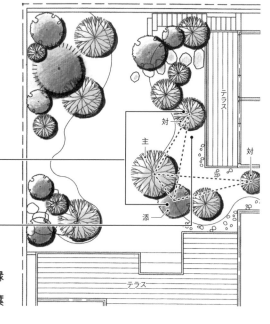

「添」を常緑樹、「対」を落葉樹で構成すると、落葉樹7：常緑樹3となるのでバランスがよい

「対」の根元には宿根草を添えて季節の変化を持たせるとよい

「主・添・対」の考え方については96頁を見てね

● 常緑
○ 落葉

常緑樹を背景にする

隣家の窓や電信柱などを隠すために敷地境界近くに植えた常緑樹は、「緑の背景」として落葉樹を美しく引き立てる効果がある

1〜2月に黄や赤の花を咲かせるロウバイは、葉の緑によって、花が鮮やかに見える

冬は手前の落葉樹が葉を落としているから、背景の常緑樹がよく見えるね

常緑樹が主役

1年を通して庭の景色に緑を求める場合は常緑樹が主役となる。少しもの寂しい冬の時期に、家の中から常緑樹の緑が見えると安心感とリラックス効果を得られる

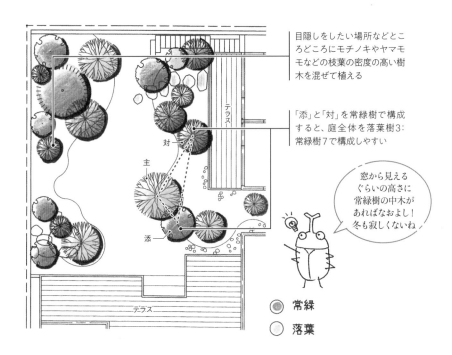

目隠しをしたい場所などところどころにモチノキやヤマモモなどの枝葉の密度の高い樹木を混ぜて植える

「添」と「対」を常緑樹で構成すると、庭全体を落葉樹3:常緑樹7で構成しやすい

窓から見えるぐらいの高さに常緑樹の中木があればなおよし！冬も寂しくないね

⬤ 常緑

◯ 落葉

常緑樹をメインで見せるポイント

枝葉の多い常緑樹を主にする場合は、高さのある落葉樹の中木でコントラストを楽しむ

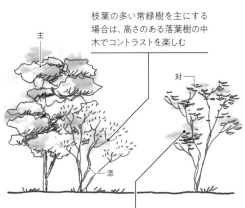

下草を植えると取ってつけたような感じになりますなぁ

落葉樹3:常緑樹7の比率にすると全体的にうっそうとした庭になりやすいので、シロバイやヤマザザンカ、ハイノキなどのサラサラとした常緑樹[45頁参照]を主体にするとよい

幹の太いクスノキ・センペルセコイア・マツなどの常緑樹を美しく見せたい場合は、低木や下草をおとなしめに添える程度にする。いっそ植えないというのも手

落葉樹：常緑樹＝7：3

落葉樹は美しい紅葉が四季の移ろいを感じさせてくれる魅力的な樹木ですが、それだけで庭をつくると、冬に葉がすべて落ちてしまい寂しい景色になってしまいます。好みにもよりますが、落葉樹7に対して常緑樹3程度の比率で全体をまとめると1年を通じてバランスのよい景色になります。

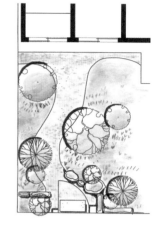

7:3春の景色

4〜5月に芽吹く若葉は春の到来を実感させてくれる。トサミズキ、ヒュウガミズキ、ヤマブキ、スイセンなど、春は黄色い花を咲かせる植物が多い

7:3夏の景色

太陽高度が高く、強い日差しが照り付ける夏は、常緑樹・落葉樹ともに元気に葉を茂らせて、日差しを遮り、涼しい木陰をつくってくれる

夏はカンナやセイヨウニンジンボクなどの濃い色の花が引き立ち、カラミンサのような白い小花が優雅に枝垂れて咲く姿が涼を感じさせてくれるよ。下草やグランドカバーに積極的に取り入れよう

7:3秋の景色

紅葉を楽しめる秋は、葉のグラデーションに何ともいえない情緒を感じられる。落葉樹と常緑樹の対比が最も引き立つ季節

7:3冬の景色

落葉樹が葉を落とす冬は、日の光が庭の奥まで入り込むので、常緑の低木や下草が美しく見える

ヒサカキ、シャリンバイ、オニヤブソテツ、ノシランなどのさらっとした濃い色の植物をアクセントに加えてみるといいかも

配植の黄金比も7:3

空いている場所になんとなく植物を配置するだけでは、まとまりのある景色をつくることはできません。美しい庭づくりには「配植のプロポーション」を意識することが欠かせないのです。その際、7:3の比率を目安に構成を考えてみましょう。「緑の量」や「エリアのバランス」を7:3にするのです。

「緑の量」を7:3

「緑の量」は植物を立面的に見たときの樹木のボリュームを基準に考える

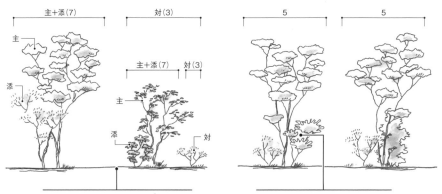

主・対・添の植栽ユニットがある場合、主＋添のボリュームを7、対のボリュームを3にするとバランスがよい

主＋添が5、対が5のバランスだと対が少し単調な景色になる

「エリアのバランス」を7:3

「エリアのバランス」は、庭全体を俯瞰したときの植栽エリアどうしのバランスで考える

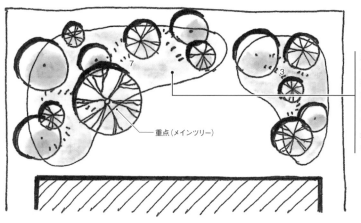

重点（メインツリー）

重点（メインツリー）のあるエリアの比重が大きくなるようにバランスをとる。エリアのバランスが均等だと、やはり単調に見える

植栽には適度な隙間が必要

植栽が過密で等間隔に植えられていると、視線の移動による景色の変化が感じられず単調に見えてしまいます。個々の植物がしっかり視認できて、全体的に自然な雰囲気の庭をつくるには、植物の隙間から奥の景色を見せることがポイントです。

高木・中木の隙間

自然樹形の樹木は数本まとめて植えるよりも、個々の魅力が引き立つように間隔を空けて植えるとよい

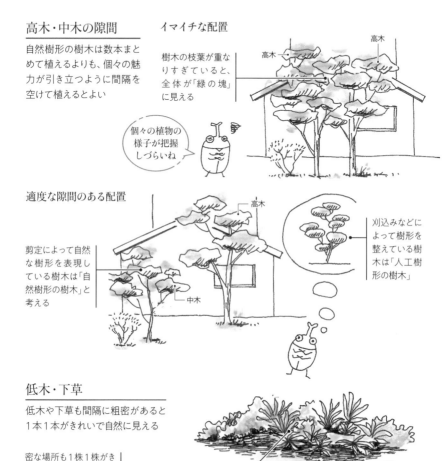

イマイチな配置

樹木の枝葉が重なりすぎていると、全体が「緑の塊」に見える

高木

高木

個々の植物の様子が把握しづらいね

適度な隙間のある配置

高木

剪定によって自然な樹形を表現している樹木は「自然樹形の樹木」と考える

中木

刈込みなどによって樹形を整えている樹木は「人工樹形の樹木」

低木・下草

低木や下草も間隔に粗密があると1本1本がきれいで自然に見える

密な場所も1株1株がきれいに見えるように枝葉の重なりに注意する

粗の部分は不等辺三角形を意識して間をつくる

粗密の考え方は「サラサラ系」でも「カッチリ系」でも同じ！36頁を見てね

樹木の配置は3本1セットが基本

樹木の配置は案外難しく、自然な景色をつくれるように、植栽の感覚を養うことが重要です。コツは、高木、中木、低木の3本で1つの植栽ユニットをつくること。そのユニットごとに配置を考えれば、全体的にバランスの整った景色をつくりやすくなります。キーワードは「主・添・対」と「不等辺三角形」です。

「主・添・対」

華道は、花を「主・添・対」の3つに分けて全体を構成していく[※]。植栽の配置もこれを参考に、高木、中木、低木の組み合わせ方を考えるとよい

対
主と添のバランスを取り持つ役割。中木がこの役割を担う

主
メインとなる中心的な樹木。基本的に高木が担うが、小さな坪庭などでは中木に替わることもある

添
主の近くに配植する引き立て役。中低木がこの役割を担う

色も考えよう

3本とも濃い緑葉の樹木だと変化のない暗い印象になりやすい。逆に淡い緑葉ばかりでもボヤッとした締まりのない印象になる。濃い緑（常緑樹）と淡い緑（落葉樹）を組み合わせてメリハリをつける

たくさんの樹木が植えられている大きな庭では、落葉樹のノムラモミジをワンポイントで入れると効果的。彩りが求められるイングリッシュガーデンなどにもお薦め

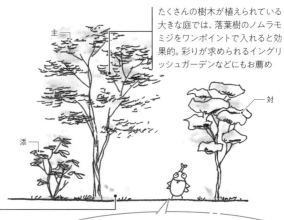

主

対

添

低木や下草にカラーリーフを少し入れると明るく楽しい庭になる

フィリフェラオーレアやハーブ類など成長の早い低木や下草は高さが1m以上になるものもあるからカラーリーフを植えるときには注意しよう

景色をつくってみる

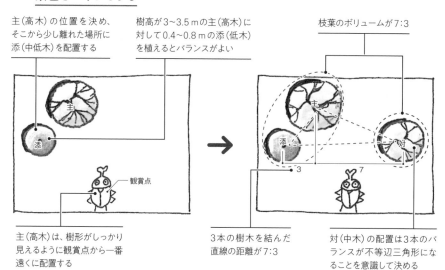

主（高木）の位置を決め、そこから少し離れた場所に添（中低木）を配置する

樹高が3〜3.5mの主（高木）に対して0.4〜0.8mの添（低木）を植えるとバランスがよい

枝葉のボリュームが7：3

観賞点

主（高木）は、樹形がしっかり見えるように観賞点から一番遠くに配置する

3本の樹木を結んだ直線の距離が7：3

対（中木）の配置は3本のバランスが不等辺三角形になることを意識して決める

樹木の前後関係も意識する

主

添

主

添

主（高木）の後ろに隠れてしまうと添（中低木）の存在が生きてこない。添（中低木）は観賞点から見えやすいように手前に植えるとよい

樹木の配置に正解はないけど、まず基本を押さえることが大切！

少し崩してみる

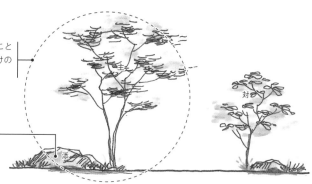

空間にうまく「間」をつくることができれば、「主」と「添」だけの構成でもうまくまとめられる

「主・添・対」の構成要素は必ずしも樹木だけとは限らない。たとえば景石などを組み込んでもよい

主

添

対

※ 流派によって「真・添・対」「天・地・人」「用・留・体」など呼び方はさまざま

さらに多い本数を稲妻型で整える

3本の植栽ユニット［96頁参照］から、さらに本数を増やして5本や7本の配置を考えるときは、3本ユニットの考え方をベースに「稲妻型」を意識して植えるとよいでしょう。このとき植栽どうしを結ぶ直線の距離が一定間隔になっていると、やはり不自然な仕上がりになるので、距離感を変えながら自然なバランスになるように整えてきます。

高木・中木の3本ユニット

低木を用いずに高木・中木でつくる3本ユニットは、スカイラインが重要になる

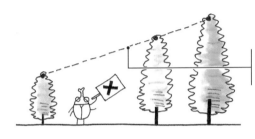

小→中→大や同じ高さの樹木が3本並ぶスカイラインだと不自然に見える

この考え方を活用すれば、庭の外周や細長い敷地などをいい感じに植栽できるよ

中→小→大のように、樹木のスカイラインが稲妻型になるように配置する

5本植え

5本植えの場合は、「3本ユニット＋2本」または「1本＋3本ユニット＋1本」で稲妻型につなぎ合わせていく

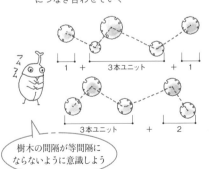

1 ＋ 3本ユニット ＋ 1

3本ユニット ＋ 2

樹木の間隔が等間隔にならないように意識しよう

7本植え

より多くの樹木を植える場合は、「見せ場」を決めて全体が単調にならないように整えていく。「見せ場」は3本ユニットが担う

複数の樹木を植えると高さがそろいやすいので、低めの樹木（落とし）を入れてスカイラインを稲妻型にするとよい

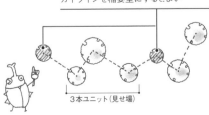

3本ユニット（見せ場）

立面でも稲妻型を意識する

平面図で見るとバランスのよい配植になっていても、立面的に見るとスカイラインが、不自然にそろいすぎている場合があります。少し離れて全体を見たときに、スカイラインが稲妻型になるように、樹木の高さを調整しましょう。

低い場所(落とし)で「間」をつくる

庭の外周には、目隠しや植栽の背景として、樹木を並べて植えることが多い。このスカイラインが一直線にならないように、「稲妻型」を意識しながら、低い場所(落とし)を入れて自然らしさを表現する

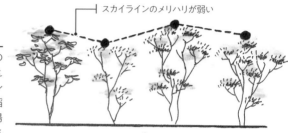

スカイラインのメリハリが弱い

刈り込みで整える生垣のスカイラインはもちろん水平

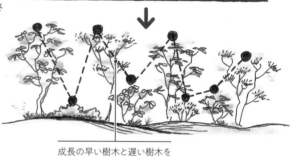

成長の早い樹木と遅い樹木を織り交ぜることで、稲妻型のスカイラインを維持しやすい

植栽と建物の外観のバランス

敷地の外から見たときの建物と植栽のバランスも大切。壁面や屋根のラインなどを意識して配植を考えたい

屋根のラインを強調する

建物の屋根のラインを見せたい場合は、植物で屋根を隠さないよう配植する

構造物の角(エッジ)を隠すと建物の"固さ"がやわらぐ

建物のスケール感を調整する

樹冠が円錐形の針葉樹を建物脇に配置すると、建物の高さが強調されて大きく見える

樹冠が円形の広葉樹を建物脇に配置すると、建物の頂部が隠されて小さく見える

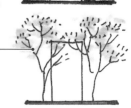

S字の空間構成で自然な雰囲気をつくる

植栽計画で大切なのは「自然らしさ」の演出です。庭づくりは人工的に植物を植えていく作業なので、整然と構成してしまうと、どうしても「わざとらしい」「うそくさい」印象になります。そのため植栽計画には自然らしさの演出が欠かせません。このとき「S字構成」を活用すると違和感のない景色をつくりやすくなります。

3種類の「S字構成」

園路や植栽エリアの外縁、舗装などの植栽を構成するラインをS字にすることで、スムーズな視線の流れが生まれ、自然な景観をつくりやすくなる。ただし「成形のS字」で構成するとやはり人工的な印象が残ってしまうので「崩したS字」で構成するのがポイント

成形のS字

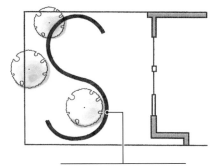

成形のS字は、同じ半径の円弧が連続したような空間構成。曲線を用いていても同じ円弧の連続なので単調な景観になってしまう

崩したS字

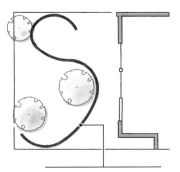

半径の異なる円弧をつなげた空間構成。形を崩すことで自然な曲線の景観をつくりやすい

複合のS字

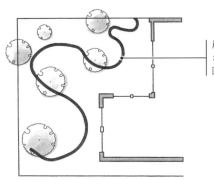

崩したS字の構成を連続させることで、より広い範囲の植栽に応用できる

植栽を構成する境目や線はS字を基本に考えよう！

S字構成を玄関アプローチに応用

玄関アプローチや園路をS字構成にすることで、より自然でスムーズな動きのある景色をつくることができる

動きのあるアプローチ

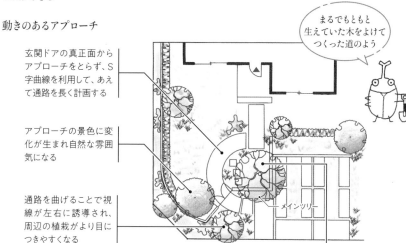

玄関ドアの真正面からアプローチをとらず、S字曲線を利用して、あえて通路を長く計画する

アプローチの景色に変化が生まれ自然な雰囲気になる

通路を曲げることで視線が左右に誘導され、周辺の植栽がより目につきやすくなる

まるでもともと生えていた木をよけてつくった道のよう

メインツリー

通路の先を隠すようにメインツリーなどの樹木を配置すると、彎曲した動線に必然性が生まれる。先が見えないことで、アプローチを進むことへの期待感も高まる

変化に乏しいアプローチ

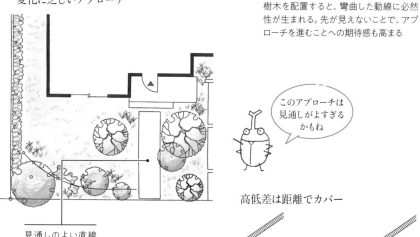

このアプローチは見通しがよすぎるかもね

見通しのよい直線的な通路は、景色の移り変わりを感じにくく、単調な印象になりやすい

高低差は距離でカバー

アプローチを曲げて動線を長くすれば、門と玄関の間に高低差があっても、階段の段差が緩やかになるので歩行が楽

登るのが大変だ…

ラクチン

近・中・遠の3層構成で奥行きをつくる

島根県にある足立美術館の庭園は、アカマツやシイの古木を建物の近くに植え、その古木の枝を透かして庭の景色を見せる配植になっています。建物際の古木を「近景」、その奥の白砂敷きを「中景」、さらにその向こうの植栽を「遠景」とする3層構成によって、奥行きと広さを感じられる景色をつくりだしているのです。

近・中・遠のつくり方

遠景の構成
観賞点から距離があるので、高木・中木を中心に構成する。遠景は庭の「背景」として機能するので、常緑樹を中心に配植を考えるとまとまりやすい

中景の構成
中景は白砂や砂利、グランドカバーなどで余白を取り、遠景への視線の抜けを確保する。S字の流れるような構成にすることで、より自然で奥行きのある中景になる

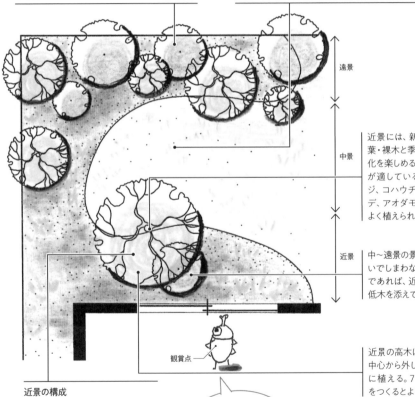

近景には、新緑・紅葉・裸木と季節の変化を楽しめる落葉樹が適している。モミジ、コハウチワカエデ、アオダモなどがよく植えられる

中〜遠景の景色を塞いでしまわない程度であれば、近景に中低木を添えてもよい

観賞点

近景の高木は、窓の中心から外した位置に植える。7:3で間をつくるとよい

近景の構成
観賞点の近く（近景）に高木を配置し、その幹や枝の重なりを透かして奥の中景や遠景を見渡せるようにすることで庭の奥行きを強調できる

敷地外に美しい借景を得られるならその景色を遠景として利用するのもアリだよ！

窓のフレームを利用する

外の景色は、窓のフレームに切り取られており、当然その外側の景色を見ることはできません。逆に窓のフレームをうまく活用すれば、見える範囲だけに絞って無駄なく植栽できますし、絵画のように整った景色をつくることもできます。

景色を見え隠れさせる

窓のフレームを活用する場合は、「見え隠れ」を意識した配植を行う。すべての植栽を窓から一望できるように配置するのではなく、見えない部分をあえてつくることで、空間の広がりや奥行きを想像させることがポイント

近・中・遠景を生かして奥を見せないことで、奥行きのある空間を連想させる

フレームの外に植物を見切れさせることで、横方向に空間の広がりを連想させる

見せたくないものは窓で隠す

見せたくない対象を景色から除外できるのも、窓のフレームの利点である。形や高さを調整して室内外からの視線をコントロールし、狙ったところだけに植栽を施せば、小さな窓でも潤いのある空間になる

地窓などは窓のフレームを活用した視線のコントロールに最適[76頁参照]

雪見障子や御簾などのアイテムも有効。必要に応じて簡単に上げ下げできて、外からの視線を気にすることなく庭を観賞できる

起伏をつけて変化を与える

植栽では、土を盛って地面を高くしたり、逆に土を削って谷をつくったりすることがあります。地面に起伏をつけることで変化が生まれ、躍動感のある景色をつくりやすくなるからです。地面の起伏はそれ自体が景色の大切な要素なので、植物を植えすぎて起伏のラインが隠れてしまわないように注意しましょう。

起伏をつけるとこう変わる

地面に起伏をつけることで樹木の高低差が強調され、景色に勢いが出る。また斜面の部分が視界に入りやすくなるので、地面の様子が際立つ

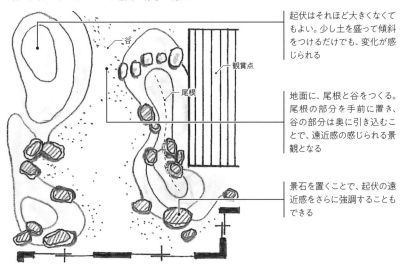

起伏はそれほど大きくなくてもよい。少し土を盛って傾斜をつけるだけでも、変化が感じられる

地面に、尾根と谷をつくる。尾根の部分を手前に置き、谷の部分を奥に引き込むことで、遠近感の感じられる景観となる

景石を置くことで、起伏の遠近感をさらに強調することもできる

敷地際の盛土は隣地に崩れないように

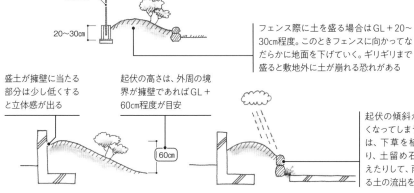

フェンス際に土を盛る場合はGL＋20〜30cm程度。このときフェンスに向かってなだらかに地面を下げていく。ギリギリまで盛ると敷地外に土が崩れる恐れがある

盛土が擁壁に当たる部分は少し低くすると立体感が出る

起伏の高さは、外周の境界が擁壁であればGL＋60cm程度が目安

起伏の傾斜がきつくなってしまう場合は、下草を植えたり、土留め石を据えたりして、雨による土の流出を防ぐ

グランドカバーで起伏を引き立たせる

起伏は地面のラインをはっきり見せることで際立つ。高木の足元は、グランドカバーやマルチングで処理をして低木や下草を植えすぎないようにする

下草は、「小さなかたまり」と「大きなかたまり」をランダムに点在させる。下草のない部分が「間」となり、起伏が強調される

コケやタマリュウなど背丈の低いグランドカバーを用いることで、きれいな起伏のラインが出る

頂点と谷には植えない

一般的に山の頂上や尾根筋は、それほど標高が高くない山でも、高木が生えていないことが多い。「山頂現象」と呼ばれる現象で、山頂付近は水分が不足しやすい環境であることなどが影響している。また、渓流が流れていることの多い谷底にも樹木は生えていないことが多い

ちょっと不自然な植え方

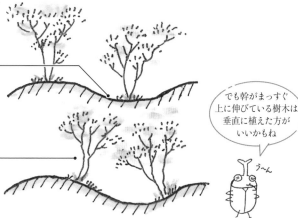

起伏の頂上と谷底には樹木を植えない方が自然に見える

自然な植え方

斜面に樹木を植える際は、地中に焦点があることをイメージして、そこから放射状に樹木が生えているように植えると自然な姿となる[139頁参照]

でも幹がまっすぐ上に伸びている樹木は垂直に植えた方がいいかもね

う〜ん

知っておきたい高植え

配植場所に配管が通っていたり、土壌改良が難しかったりする敷地では、健全な土を盛り、そこに植物を植える「高植え」を行う必要があります。高植えをする際は、雨などで土が流れていかないように、土留めやグランドカバーによる根締めを施しましょう。

高植えが必要な状況

「配管などが干渉して植えられない」「粘土質や岩盤質の土壌で排水性がよくない」といった環境に植栽したい場合は、高植えが必要になる

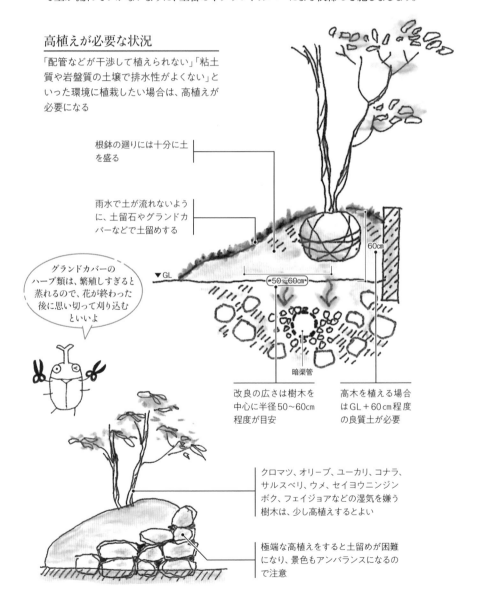

根鉢の廻りには十分に土を盛る

雨水で土が流れないように、土留め石やグランドカバーなどで土留めする

グランドカバーのハーブ類は、繁殖しすぎると蒸れるので、花が終わった後に思い切って刈り込むといいよ

▼GL

60㎝

≒50～60㎝

暗渠管

改良の広さは樹木を中心に半径50～60㎝程度が目安

高木を植える場合はGL＋60㎝程度の良質土が必要

クロマツ、オリーブ、ユーカリ、コナラ、サルスベリ、ウメ、セイヨウニンジンボク、フェイジョアなどの湿気を嫌う樹木は、少し高植えするとよい

極端な高植えをすると土留めが困難になり、景色もアンバランスになるので注意

ちょっとした隙間にも植物

塀、門扉、アプローチ、駐車場、フェンスなど、構造物がつくりだす「ちょっとした隙間」は格好の植栽スポットになります。ごく小さなスペースであっても、緑化されている方が建物の魅力はグッと高まるので、敷地面積に余裕がなくても積極的に植物を植えてみましょう。幅10cmもあれば緑化は可能です。

敷地境界の
ちょっとした隙間

ブロック塀やフェンスと土間コンクリートのちょっとした隙間に下草や低木を植えることで、構造物の無機質な雰囲気をやわらげることができる

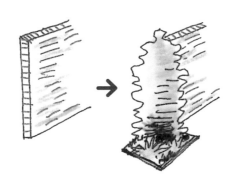

アプローチのちょっとした隙間

アプローチの両端に落葉樹の低木や宿根草の下草を、単調にならないようリズムよく植える。成長の早い植物は、育ちすぎると通行の邪魔になるので避けた方がよい

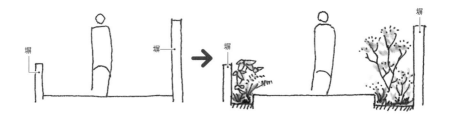

駐車場のちょっとした隙間

車のタイヤが横断する目地に植栽を入れる場合は、丈の低い匍匐茎の植物(芝生、セダム系、タマリュウ、タイムなど)を採用する

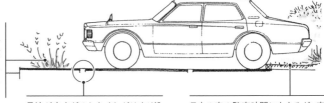

目地が広すぎるとタイヤがはまり込んでしまい、せっかく植えた植栽が傷むので、幅は10cm以下にする

日中の車の駐車時間にもよるが、車の陰になる部分は日照不足で生育不良になる可能性がある点に留意する

現地調査はここを見る！

植栽計画をはじめる前に、敷地調査は必須です。敷地環境の思わぬ制約によって着工後に大きな計画変更が必要になったり、完成後にトラブルが発生したりしないように、敷地の状況をしっかり把握しておきましょう。

施工上の問題をチェック

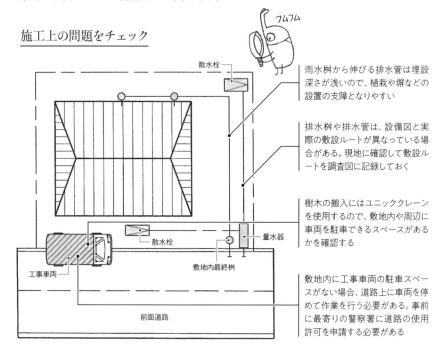

散水栓

雨水桝から伸びる排水管は埋設深さが浅いので、植栽や塀などの設置の支障となりやすい

排水桝や排水管は、設備図と実際の敷設ルートが異なっている場合がある。現地に確認して敷設ルートを調査図に記録しておく

樹木の搬入にはユニッククレーンを使用するので、敷地内や周辺に車両を駐車できるスペースがあるかを確認する

量水器

散水栓

敷地内最終桝

工事車両

前面道路

敷地内に工事車両の駐車スペースがない場合、道路に車両を停めて作業を行う必要がある。事前に最寄りの警察署に道路の使用許可を申請する必要がある

日照時間をチェック

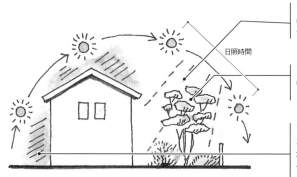

日照時間

1日の日照時間が5〜6時間以上あれば日当たり十分。植物の生育にとって良好な環境

1日の日照時間が1〜4時間未満ならば、半日陰から日陰に強い陰樹に適した環境

1日の日照時間が20分〜1時間未満だと植物の生育にとっては厳しい環境。アオキ、サルココッカ、ヒイラギナンテン、ヤブランなどの限られた植物であれば生育可能

土質をチェック

土壌にガラ[※]や廃棄物が多く含まれていると植栽の邪魔になる。とくにコンクリートのガラは土壌をアルカリ性に傾けて、植物の生育を妨げるのでしっかり除去する

粘土質などの水はけの悪い土壌は根腐れを起こす原因になる。掘った場所に水を注いでも水が浸透しない場合は注意[127頁参照]

土質が著しく悪い場合は、土壌の搬出と客土が必要になるため、その費用を見込んでおく

調査内容を記録する

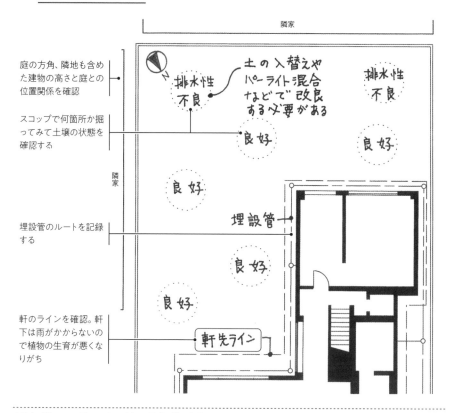

庭の方角、隣地も含めた建物の高さと庭との位置関係を確認

スコップで何箇所か掘ってみて土壌の状態を確認する

埋設管のルートを記録する

軒のラインを確認。軒下は雨がかからないので植物の生育が悪くなりがち

※ 地中に埋まっている石やコンクリートなどの瓦礫。建物の解体などで発生する

植栽の基本計画を練る

現地調査［108頁参照］を終えたら、植栽の基本プランを考えていきます。好きな植物や好みの庭の雰囲気などはもちろん大切ですが、植物のメンテナンス、庭の活用方法などの維持管理に関わる点についてもしっかりイメージしておきましょう。また、建物と庭の関係を把握しておくことも大切です。

建物と庭の関係を確認

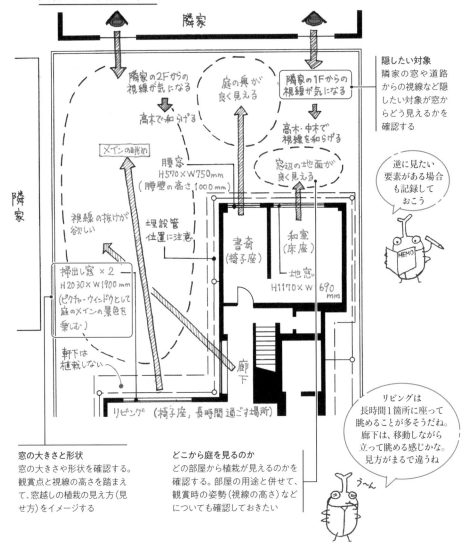

窓の大きさと形状
窓の大きさや形状を確認する。観賞点と視線の高さを踏まえて、窓越しの植栽の見え方（見せ方）をイメージする

どこから庭を見るのか
どの部屋から植栽が見えるのかを確認する。部屋の用途と併せて、観賞時の姿勢（視線の高さ）などについても確認しておきたい

植栽のゾーニング

背景・目隠しゾーン
庭の背景となる植栽ゾーン。隣家の視線や敷地外の建物の存在が気になる場合は、ここに目隠しが必要

多目的な芝生ゾーン
活動できる空間。庭の中央部に設けるなど、植栽の魅力を堪能できる場所にするとよい

西日除けゾーン
西日が気になる場合は、常緑樹の西日除けゾーンを設ける

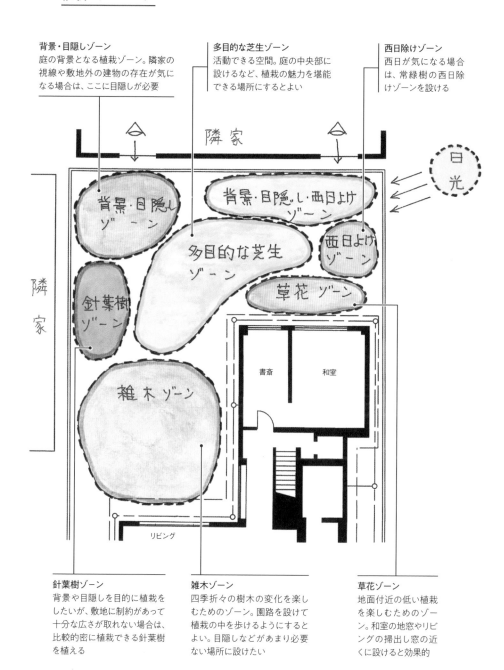

隣家

日光

背景・目隠しゾーン

背景・目隠し・西日よけゾーン

多目的な芝生ゾーン

西日よけゾーン

草花ゾーン

針葉樹ゾーン

雑木ゾーン

隣家

書斎　和室

リビング

針葉樹ゾーン
背景や目隠しを目的に植栽をしたいが、敷地に制約があって十分な広さが取れない場合は、比較的密に植栽できる針葉樹を植える

雑木ゾーン
四季折々の樹木の変化を楽しむためのゾーン。園路を設けて植栽の中を歩けるようにするとよい。目隠しなどがあまり必要ない場所に設けたい

草花ゾーン
地面付近の低い植栽を楽しむためのゾーン。和室の地窓やリビングの掃出し窓の近くに設けると効果的

植栽の骨格を形づくる

ゾーニング[111頁参照]で植栽計画の方向性を決めたら、より具体的に植栽の構成要素を検討していきましょう。まずはゾーニングをもとに、全体の基本構成を考えます。このとき、観賞点からの見え方をイメージするとうまくいきます。この基本構成をベースに高木を配置すれば、庭の輪郭がかなりはっきりしてきます。

植栽の構成を考える

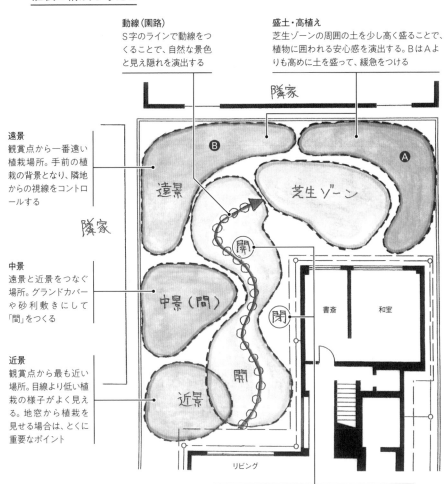

動線（園路）
S字のラインで動線をつくることで、自然な景色と見え隠れを演出する

盛土・高植え
芝生ゾーンの周囲の土を少し高く盛ることで、植物に囲まれる安心感を演出する。BはAよりも高めに土を盛って、緩急をつける

遠景
観賞点から一番遠い植栽場所。手前の植栽の背景となり、隣地からの視線をコントロールする

中景
遠景と近景をつなぐ場所。グランドカバーや砂利敷きにして「間」をつくる

近景
観賞点から最も近い場所。目線より低い植栽の様子がよく見える。地窓から植栽を見せる場合は、とくに重要なポイント

開閉
園路とグランドカバーの境目を広げたり、狭めたりすることで、景色にメリハリをつける。このとき「植栽の気勢」[139頁参照]がぶつからないように注意する

高木を配置する

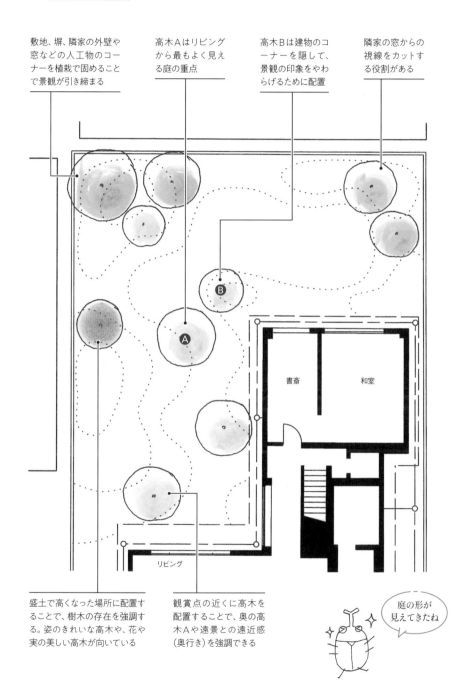

敷地、塀、隣家の外壁や窓などの人工物のコーナーを植栽で固めることで景観が引き締まる

高木Aはリビングから最もよく見える庭の重点

高木Bは建物のコーナーを隠して、景観の印象をやわらげるために配置

隣家の窓からの視線をカットする役割がある

書斎

和室

リビング

B

A

盛土で高くなった場所に配置することで、樹木の存在を強調する。姿のきれいな高木や、花や実の美しい高木が向いている

観賞点の近くに高木を配置することで、奥の高木Aや遠景との遠近感（奥行き）を強調できる

庭の形が見えてきたね

中低木・下草を入れて全体をまとめる

113頁で検討した高木の配置を基準にして、中木・低木・下草・グランドカバー・景石などの配置をさらに細かく決めていきます。これまでに解説した植栽計画の基本テクニックを参考に樹木や草花の配置を肉付けしていきます。具体的な樹種の検討は植栽計画をまとめてからでも大丈夫です。

中低木を配置する

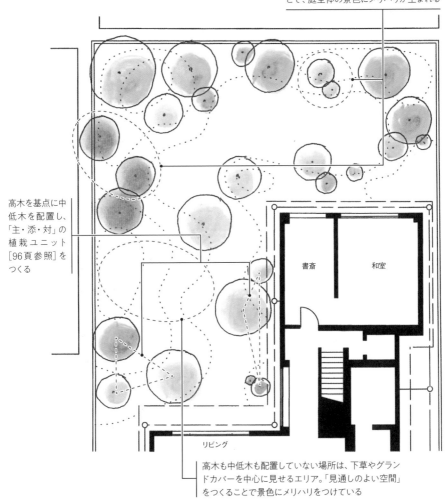

敷地周辺のエリアをすべて高木で構成すると、うっそうとした植栽になってしまう。ところどころ中低木のユニットを入れることで、庭全体の景色にメリハリが生まれる

高木を基点に中低木を配置し、「主・添・対」の植栽ユニット[96頁参照]をつくる

書斎

和室

リビング

高木も中低木も配置していない場所は、下草やグランドカバーを中心に見せるエリア。「見通しのよい空間」をつくることで景色にメリハリをつけている

下草・グランドカバーを配置する

面としての美しさ
が際立つように、
グランドカバーは
1〜2種類に統一

このエリアはグランドカバー
を植えることで「間」をつくる
と同時に、地面の起伏を見え
やすくしている

グランドカバーと芝
生(砂利)の切り替え
ラインは、S字の空
間構成[100頁参照]

地窓近くのエリアは
草花や景石を配置し
て、地面がきれいに
見えるように計画

書斎　　　和室

リビング

できたね！

下草は品種をある程度統一して、まと
まりのある景観をつくる。数種類の品
種を植える場合は、それぞれのエリア
を決めて、エリアの境目がグラデーショ
ンするように切り替えるとよい

日が当たらず、雨がかかりにくい
建物際は砂利敷きとしている。リ
ビングの掃出し窓近くの砂利敷き
は、少し芝生ゾーン側に延長させ
て、芝生との連続感を出している

芝生ゾーンと砂利
の境目は延石で見
切っている

第 2 章

施工とお手入れ

植物にとって植え込み(植え替え)の作業は大きなストレスになります。敷地の日照条件や土質などを事前に確認し、可能な限り生育しやすい環境を整えて負担を減らしてあげましょう。また植える時期、植え方、植え込み直後のメンテナンスも植物の健全な生育のカギを握っています。同じ敷地条件でも、これらのやり方によって花の付き方や病害虫の発生リスクが変わることがあります。逆にいえば、施工現場のちょっとした工夫で植栽は一段と良くなるのです。この章で解説しているポイントをぜひ参考にしてください。

お手入れについては、雑草や病害虫などを早めに発見して対処できるように、こまめに植栽の様子をチェックしておくことが肝要です。日常のひと手間が、植栽の美観を維持し、メンテナンスにかかるコストを抑えることにつながります。

苗圃に植木を買いに行く

樹木は苗圃で購入できます。生産者は樹勢のよいものを選んで提供してくれますが、樹種によっては適期に植え込みをしないと枯れてしまう可能性があるので、ものによっては植え込みを待たなければならないこともあります。基本的には「根回し品」を選ぶようにしましょう。

根回し品

いつでも出荷できるように、あらかじめ根鉢をつくった樹木を「根回し品」と呼ぶ。根を切って人為的に細い根（細根）を生えさせることで、移植後の水分吸収をよくしている

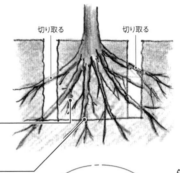

切り取る　　切り取る

根回しをすることで、移植後の樹木が水分不足に陥ったり、活着しにくくなったりすることを予防する

支持根である底根は切らずに置いておき、出荷のときに切る

常緑樹は2月頃の植え込みを避けるのが無難だよ

移植の適期

常緑樹
新しい芽が出る3月と、新芽がしっかりとした葉になった後の5～6月

落葉樹
落葉している間と、12～3月中旬まで

針葉樹
霜が降りた後、新芽が出る前の時期。3～4月頃

4 5 6 7 8 9 10 11 12 1 2 3

ポット栽培品

不織布製のポットで育てられた樹木のこと。生垣によく使われる同一規格のレッドロビンやヒイラギモクセイなどの中木の栽培に活用される。根の活着率が高く、季節を問わず移植できる利点がある

通常「不織布プランター」や「ルートコントロールバッグ」の名称で販売されているよ

不織布製のポット

樹形の観察ポイント

樹冠
見る角度を想定して形を選ぶ。全方向から見られる樹木はバランスの取れた樹冠のものを選びたい

樹木は、日の当たる南面と影になる北面では、葉の茂り方に差がある。通常、日の当たる面を木表(きおもて)といい、この面が正面になることが多い

周囲が開けていて、日が当たりやすいように栽培されている樹木はバランスの取れた樹冠ものが多い

木裏(北) ← → 木表(南)

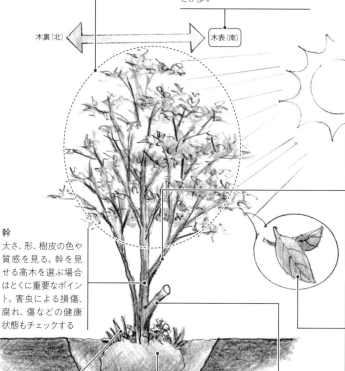

枝
幹から伸びる枝の形や長さを見る。根元から先端に向かって細くなっていく様子や、地面から下枝までの高さなどを見て、好みの枝ぶりのものを選ぶ。不要な枝は、購入後に剪定してもよい

幹
太さ、形、樹皮の色や質感を見る。幹を見せる高木を選ぶ場合はとくに重要なポイント。害虫による損傷、腐れ、傷などの健康状態もチェックする

葉
葉焼けや病害虫による損傷など、樹木の健康状態をチェックする[154、158、161～163頁参照]。葉が垂れていれば、水上げがうまく行っていないので植え込み後に枯れる可能性がある

根元の雑草
植え替え後に繁殖するといけないので、根元にチガヤ、ススキ、ドクダミ、ササなどの雑草が生えているものは避ける

幹を手で押して根元からグラグラ揺れるものは、根鉢が崩れている可能性があるので避ける

大きな枝が剪定されたところは完全に修復しないので、そこから腐ってしまう可能性がある。防腐剤を塗布しているかなどを確認する

フムフム

最近はネットショップでも購入できるけど写真では判断しにくいからできるだけクライアントと一緒に実物を見るようにしよう

2種類の立ち姿

すべての樹木が同じ立ち姿では、変化に乏しい植栽になりがちです。樹形のよいものばかりをそろえられたとしても、景色が単調になるので、すぐに飽きてしまいます。異なる立ち姿の樹木を組み合わせて「間」や「変化」をつけることが大切です。

一本立ち

一本立ちは幹が根元から上まで1本で伸びている樹形のこと。比較的成長が早く、上にいくほど枝葉を広く茂らせる。一般的に株立ちよりも低価格な傾向にある。株立ちと組み合わせることで景色に変化が生まれる

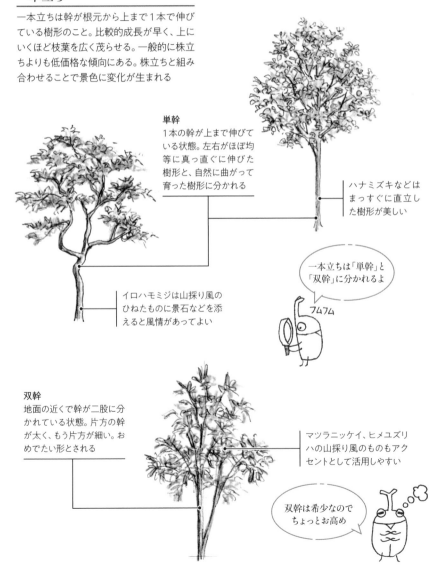

単幹
1本の幹が上まで伸びている状態。左右がほぼ均等に真っ直ぐに伸びた樹形と、自然に曲がって育った樹形に分かれる

ハナミズキなどはまっすぐに直立した樹形が美しい

一本立ちは「単幹」と「双幹」に分かれるよ

フムフム

イロハモミジは山採り風のひねたものに景石などを添えると風情があってよい

双幹
地面の近くで幹が二股に分かれている状態。片方の幹が太く、もう片方が細い。おめでたい形とされる

マツラニッケイ、ヒメユズリハの山採り風のものもアクセントとして活用しやすい

双幹は希少なのでちょっとお高め

株立ち

株立ちとは幹が何本にも分岐している樹形のこと。自然に株立ちになる樹種もあるが、人為的に仕立てることもある。株立ちの樹木は一般的に幹が細く成長が緩やかな傾向にある。樹形全体はボリューム感があるものの、幹1本1本が細いため軽やかな印象になり、小さな空間に植えても圧迫感がない。庭の樹木をすべて株立ちにすると少し不自然なので、アクセントとして加えるのがお勧め

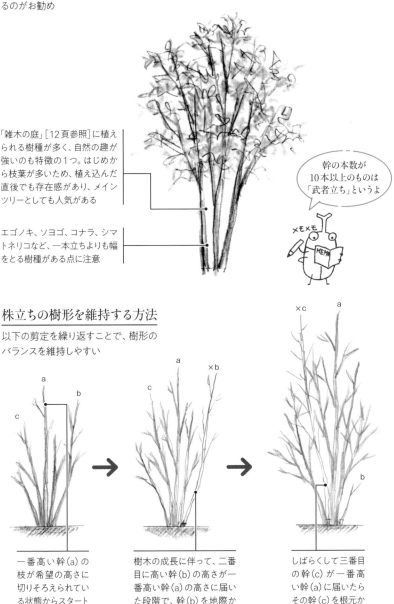

「雑木の庭」[12頁参照]に植えられる樹種が多く、自然の趣が強いのも特徴の1つ。はじめから枝葉が多いため、植え込んだ直後でも存在感があり、メインツリーとしても人気がある

幹の本数が10本以上のものは「武者立ち」というよ

エゴノキ、ソヨゴ、コナラ、シマトネリコなど、一本立ちよりも幅をとる樹種がある点に注意

株立ちの樹形を維持する方法

以下の剪定を繰り返すことで、樹形のバランスを維持しやすい

一番高い幹(a)の枝が希望の高さに切りそろえられている状態からスタート

樹木の成長に伴って、二番目に高い幹(b)の高さが一番高い幹(a)の高さに届いた段階で、幹(b)を地際から剪定する

しばらくして三番目の幹(c)が一番高い幹(a)に届いたらその幹(c)を根元から剪定する

個性あふれる山採りの樹木

樹木の仕入れ先は、苗圃以外に山林から直接採ってくる方法もあります。「山採り」といい、味のある個性的な樹形が魅力です。山採りの樹木をうまく組み合わせれば、自然な美しい枝の重なりを表現できます。山採りの樹木は幹が細いので、シンプルでモダンな建築との相性がよいです。

味のある姿が魅力

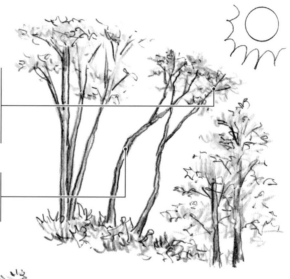

山林では先に生存競争に勝ち残った樹木が大きく樹冠を広げている。若く小さな樹木は、大きな樹木の隙間から日照を得ようと、細い枝を上へ上へと伸ばしていく

葉は日照を得られる枝先に少しついている状態。懐の枝葉が少ないので、幹の形が強調される

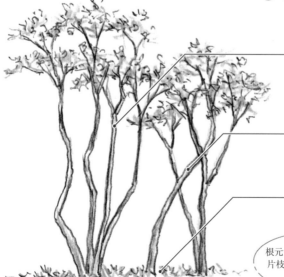

枝が細いので、建物の手前に植えても外観を覆い隠すことはない。かえって建物に軽快な印象を与える

過酷な環境下で生育してきた枝の曲がり具合には、独特のクセがある

複数の樹種が1セットになって生えているなど、山採りならではの状態のものもある

根元で曲がっていたり片枝だったり、どれも個性的だね

山採りの注意点

山採りの樹木は、もともとの生育環境に適応しているため、住宅地の庭先のような異なる環境に急に植え替えると枯れてしまうことがある。そのため、いったん山から苗圃へ植えて、根回しをしてから出荷する必要があり、コストと時間が必要になる

山採りの樹木の注文は、それらを多く取り扱っている植木業者に問い合わせる

山採りの木は、より大きく生育できるチャンスを待っている状態。十分な日照と栄養豊富な土に恵まれた環境を苗圃で一旦経験させてあげてから庭に植え替える

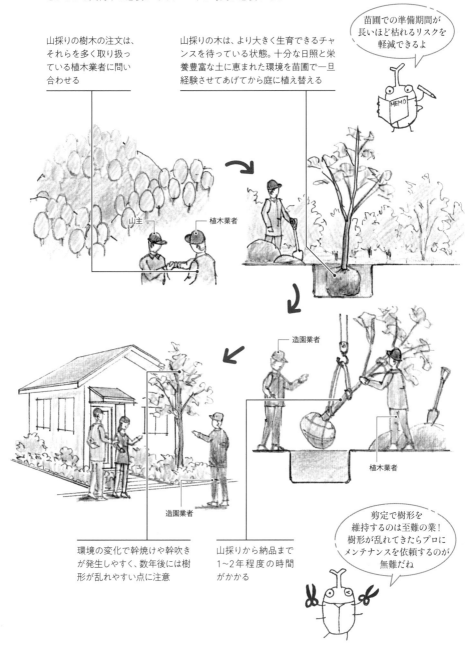

苗圃での準備期間が長いほど枯れるリスクを軽減できるよ

山主　　植木業者

造園業者

植木業者

造園業者

環境の変化で幹焼けや幹吹きが発生しやすく、数年後には樹形が乱れやすい点に注意

山採りから納品まで1〜2年程度の時間がかかる

剪定で樹形を維持するのは至難の業！樹形が乱れてきたらプロにメンテナンスを依頼するのが無難だね

樹木の寸法を把握する

植栽平面図はおおよその配植を決めた基本計画のようなものです。また植物には、建材のように決まった形や大きさはありません。そのため樹木を選ぶときは、実物の寸法をある程度把握して、「樹木どうしのバランス」や「敷地内に収まるかどうか」などを検討する必要があります。

高さ

樹木の高さは、一番高い枝から地面までの寸法を呼び寸法（伸び切り）としている。苗圃に行けば棒尺を樹木の横にあてて高さを出してくれる

姿形がよく、寸法も計画通りピッタリの樹木はほとんどない。たとえば高さ3mの樹木を探している場合は、2.5〜3.5mの幅の中でよいものを選ぶ

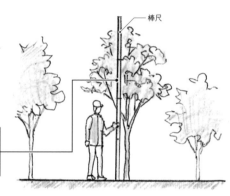

棒尺

根鉢の寸法

基本的に樹木は運搬する前に「根巻き」をする。根巻きとは根鉢の土（鉢土）が落ちて根が傷まないよう、菰（こも）や麻の根巻きテープを巻き、縄などで縛ることを指す

根鉢が大きすぎると配植位置をずらさざるを得なくなったり、予定していた場所に収まらなかったりする場合があるので仕入れ前に苗圃で寸法を確認する

根鉢の寸法

根巻きの方法

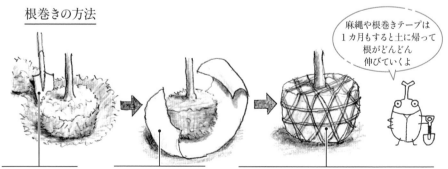

麻縄や根巻きテープは1カ月もすると土に帰って根がどんどん伸びていくよ

底根を残して樹木を掘り取る

根巻きテープで根鉢を包み込むように巻く

根鉢を麻縄でぐるぐると強固に巻きつける。2〜3mの小ぶりな樹木は一人でも巻ける「ミカン巻き」、さらに大きな樹木は「樽巻き」という巻き方を行う

樹木の運搬と搬入

樹木の運搬と搬入は、周辺の構造物や人と干渉しないよう、安全に配慮しながら丁寧に運びましょう。根鉢を崩してしまったり、建物や電柱などに枝葉を引っかけて折ってしまったりするなどのトラブルはよく起こりがちです。

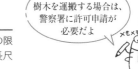

5mを超える樹木を運搬する場合は、警察署に許可申請が必要だよ

樹木の運搬方法

道路交通法では、1/10L（L＝車両の全長）を積載物のはみ出しの限度と定めている。2トントラックだとおよそ50cm程度。高木は長尺なので、積載方法を工夫して安全に運搬できるようにしたい

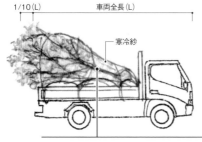

後ながし積み
樹木の頂上を後ろに向けて積む方法。2トントラックだと樹高3.5m未満の樹木を積載可能。根鉢を荷台にしっかり固定し、枝葉は寒冷紗で保護する

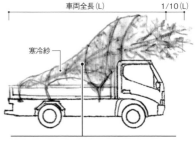

前ながし積み
根鉢を荷台の後ろに載せて、樹木の頂上を前に向けて積む方法。2トントラックだと樹高5mまでの樹木を運べる。風を受けやすいので、添え木を入れて枝を束ねておくとよい

クレーンでの吊り込み

樹木が重すぎて人力で運搬・植え込みが困難な場合や、塀などの障害物を超えなければならない場合にはクレーンが有効

横吊り
樹木を横に吊る方法。電線などの障害物を避けるときに有効。植穴に植え込む際は、一旦仮置きして樹木を立ててから立吊りに切り変える

立吊り
樹木を縦に吊る方法。敷地内に仮置きする場合や、植穴に植え込む場合に適している

吊り上げたときに45°くらいになるのがよい

重量のある樹木や樹皮の弱い樹木は、根元の幹にバンドを掛けて吊ると、樹皮が剥けてしまう可能性がある。この場合は、根元部と上部の2点で吊って1箇所に負担がかからないようにする

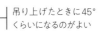

施工前の事前確認

植栽計画が決まったら、施工の前に建築図面や地図アプリで大まかな現地の立地状況
や周辺の環境を把握しておきましょう。実際に現場を見に行くことも大切です。

現地の確認ポイント

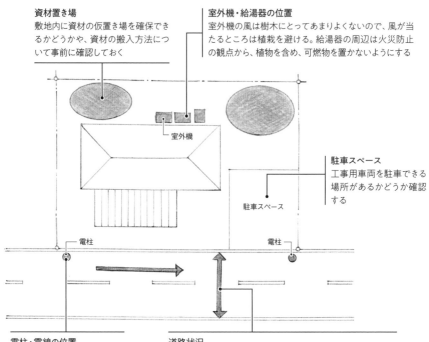

資材置き場
敷地内に資材の仮置き場を確保できるかどうかや、資材の搬入方法について事前に確認しておく

室外機・給湯器の位置
室外機の風は樹木にとってあまりよくないので、風が当たるところは植栽を避ける。給湯器の周辺は火災防止の観点から、植物を含め、可燃物を置かないようにする

室外機

駐車スペース
工事用車両を駐車できる場所があるかどうか確認する

駐車スペース

電柱   電柱

電柱・電線の位置
ユニッククレーンの運用に電柱や電線が干渉するかどうかを検討する

道路状況
作業時間帯の前面道路の人通りや交通量などの交通状況の確認。また、道路の幅員と道路規制を確認する。とくにユニッククレーンやトラックの搬入が可能かを事前に確認する

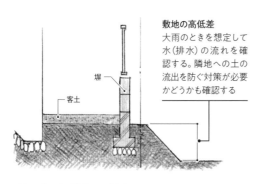

敷地の高低差
大雨のときを想定して水（排水）の流れを確認する。隣地への土の流出を防ぐ対策が必要かどうかも確認する

塀

客土

敷地の奥に中庭などを計画する場合、建築工事が完了してからだと資材が搬入できないこともあるよ。事前に石材の搬入や客土をする必要がある場合は、建築工事の邪魔にならない保管方法を工務店と協議しておこう

引っ越し後に工事がはじまる場合

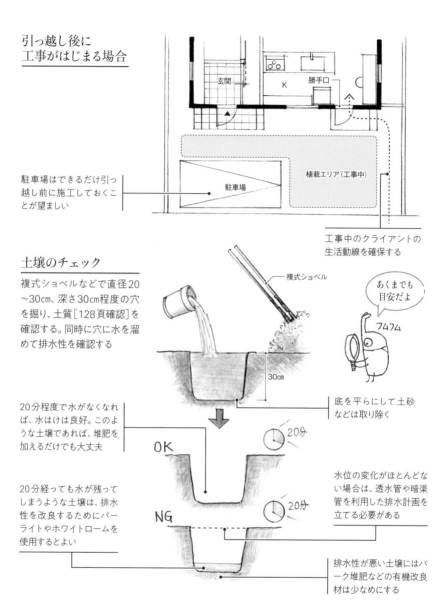

駐車場はできるだけ引っ越し前に施工しておくことが望ましい

植栽エリア（工事中）

駐車場

玄関

K

勝手口

工事中のクライアントの生活動線を確保する

土壌のチェック

複式ショベルなどで直径20～30cm、深さ30cm程度の穴を掘り、土質［128頁確認］を確認する。同時に穴に水を溜めて排水性を確認する

複式ショベル

あくまでも目安だよ

フムフム

30cm

底を平らにして土砂などは取り除く

20分程度で水がなくなれば、水はけは良好。このような土壌であれば、堆肥を加えるだけでも大丈夫

OK

20分

20分経っても水が残ってしまうような土壌は、排水性を改良するためにパーライトやホワイトロームを使用するとよい

NG

20分

水位の変化がほとんどない場合は、透水管や暗渠管を利用した排水計画を立てる必要がある

排水性が悪い土壌にはバーク堆肥などの有機改良材は少なめにする

雑草のチェック

チガヤ、ススキ、ドクダミ、ササ類、スギナなどの雑草が生えている敷地は、表土を10～20cm程度すき取るとよい。その後の雑草のお手入れが楽になる。とくにランナーで増えるタイプの雑草は、地下茎をすべて取り除いた方がよい

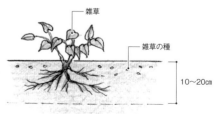

雑草

雑草の種

10～20cm

土の質を高めよう

植物は「窒素」「リン酸」「カリウム」といった無機物を栄養素として根から吸収しています。しかし敷地の土壌にこれらの栄養素が十分に含まれているとは限りません。養分が不足している土壌に植え込みをする際は、施肥をして養分を補給する必要があります。

植物が土壌から養分を吸収する仕組み

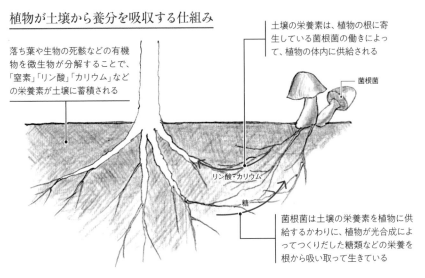

落ち葉や生物の死骸などの有機物を微生物が分解することで、「窒素」「リン酸」「カリウム」などの栄養素が土壌に蓄積される

土壌の栄養素は、植物の根に寄生している菌根菌の働きによって、植物の体内に供給される

菌根菌

リン酸・カリウム

糖

菌根菌は土壌の栄養素を植物に供給するかわりに、植物が光合成によってつくりだした糖類などの栄養を根から吸い取って生きている

肥料

バーク堆肥や腐葉土などが肥料としてよく使用される。これらは未発酵のものを使用するとガスを発生させて、根を傷める恐れがあるので、よく発酵したものを使う

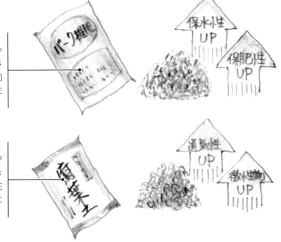

バーク堆肥
樹皮や枝葉を砕き、家畜の糞や少量の化学肥料を混ぜて発酵させたもの。保水性・保肥性を向上させ、さまざまな種類の微生物を育む

保水性 UP

保肥性 UP

腐葉土
落ち葉や枯れ枝などを微生物が長い時間をかけて分解してできた土。肥沃な土を好む植物や花付きをよくしたい場合は多めに加えるとよい

通気性 UP

微生物 UP

土壌改良材

土壌改良剤は「地力」を高めるために用いる。土壌に適度な通気性、保水性、保肥力がなければ、肥料をいくら加えても植物の生育はよくならない

理想的な土壌は、土壌粒子が集合して小さな塊を形成している。これを「団粒構造」という。排水性、通気性、保水性、保肥力がよく、植物の生育にとって理想的な土壌になる

ホワイトロームやパーライトなどを使用して、適度な排水性と通気性を加えることで、微生物が活動しやすい環境になる

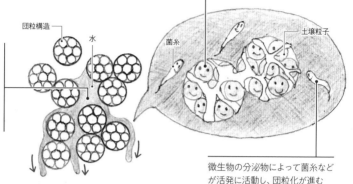

団粒構造
水
菌糸
土壌粒子

微生物の分泌物によって菌糸などが活発に活動し、団粒化が進む

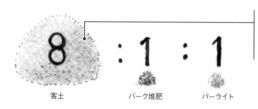

客土8に対してバーク堆肥1、パーライト1の割合で改良材を加え、十分に攪拌して使う

客土　　バーク堆肥　　パーライト

ピートモス
泥炭化したミズゴケを乾燥させて砕いたもの。土壌を軟らかくして保水性を向上させるだけでなく、土壌酸度を酸性に傾けられる

保水性 UP　アルカリ　PH　酸

ホワイトロームやパーライトは土の締め固まりの防止にも効果的！

パーライト
火山岩や真珠岩などを熱処理してつくられる。「黒曜石パーライト」と「真珠岩パーライト」の2種類がある。「黒曜石パーライト」は排水性と通気性を、「真珠岩パーライト」は保水性を向上させる

植穴掘りと土壌改良

植物を植える前は植栽場所のゴミや雑草、ガラなどを取り除き、きれいに整地しましょう。整地が完了したら、まずは樹木を植えるための植穴を掘ります。植穴の底には土壌改良 [128頁参照] を施した土を中央が少し高くなるように入れておきます。

植穴を掘る

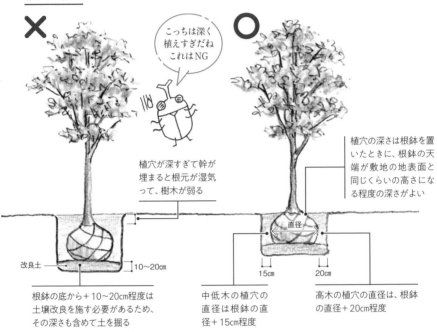

こっちは深く植えすぎだね　これはNG

植穴が深すぎて幹が埋まると根元が湿気って、樹木が弱る

植穴の深さは根鉢を置いたときに、根鉢の天端が敷地の地表面と同じくらいの高さになる程度の深さがよい

直径

改良土

10〜20cm

15cm

20cm

根鉢の底から+10〜20cm程度は土壌改良を施す必要があるため、その深さも含めて土を掘る

中低木の植穴の直径は根鉢の直径+15cm程度

高木の植穴の直径は、根鉢の直径+20cm程度

土壌改良

植穴を掘り終えたら、樹木の生育をよくするために、土壌改良材を加えた土を植穴の底に小高く盛る

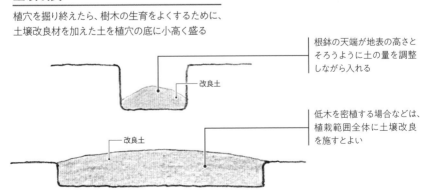

改良土

根鉢の天端が地表の高さとそろうように土の量を調整しながら入れる

改良土

低木を密植する場合などは、植栽範囲全体に土壌改良を施すとよい

排水性が悪い場合

粘土質の土壌では、植穴の中に水が溜まる場合がある。水が溜まると根腐れを起こして枯れる危険があるので、水が抜けるところまで穴を掘りたい。また、植穴の底にはパーライトを敷いて、排水性を良くしておくことも大切

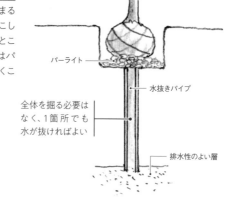

パーライト

水抜きパイプ

全体を掘る必要はなく、1箇所でも水が抜ければよい

排水性のよい層

広範囲に渡って排水性が著しく悪い場合は、樹木1本1本に対して排水用の暗渠管をつなぐのは大変なので、植栽エリア全体を排水性のよい土壌で盛土した方が、樹木の生育にはよい

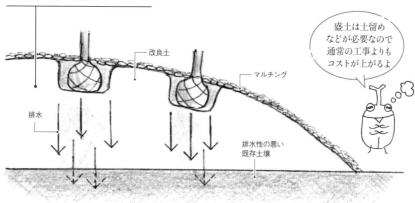

改良土

マルチング

排水

排水性の悪い既存土壌

盛土は土留めなどが必要なので通常の工事よりもコストが上がるよ

低木を密植するときの間隔

低木はある程度密植した方が活着と成長がよい。葉と葉が軽く触れ合うぐらいの間隔で植えると、数年後にきれいな緑の面ができる

低木の葉で地面が覆われていると根元に雑草が生えないから草取りの負担も減る

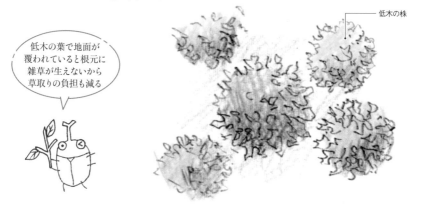

低木の株

水極めと土極め

樹木は、根鉢と土をしっかり密着させることで、根の活着がよくなり、健やかに生育できます。逆に、根鉢と土壌の間に空隙があるとその部分が乾燥状態となり、根の生育が妨げられます。そのため、植え込みの際は「水極め」を行います。とくに「根鉢が壊れている」「真夏に植え替える」「根鉢に土がない樹木（フジなど）である」といった状況では、水極めが必要です。地域や樹種によっては「土極め」をすることもあります。

植え込み前の剪定で樹木の負担を軽減

植え込みの直後は、根が十分に張っていないので、枝葉がたくさんついていると根からの水分や養分の吸収が追い付かない。樹木の負担を軽減するためにも枝葉を軽く剪定しておくとよい

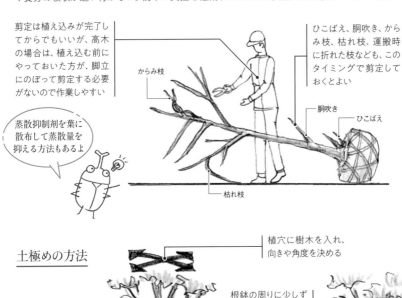

剪定は植え込みが完了してからでもいいが、高木の場合は、植え込む前にやっておいた方が、脚立にのぼって剪定する必要がないので作業しやすい

蒸散抑制剤を葉に散布して蒸散量を抑える方法もあるよ

からみ枝

枯れ枝

ひこばえ、胴吹き、からみ枝、枯れ枝、運搬時に折れた枝なども、このタイミングで剪定しておくとよい

胴吹き

ひこばえ

土極めの方法

樹木の垂直を確認する際は周りの構造物などを参考にするとよい

土極めは突けば突くほどよく根付く

植穴に樹木を入れ、向きや角度を決める

根鉢の周りに少しずつ土を入れながら、突き棒などですき間ができないように突き固めていく

土を突き固める衝撃で樹木の向きや角度がズレていないか確認しながら作業する

水極めの方法

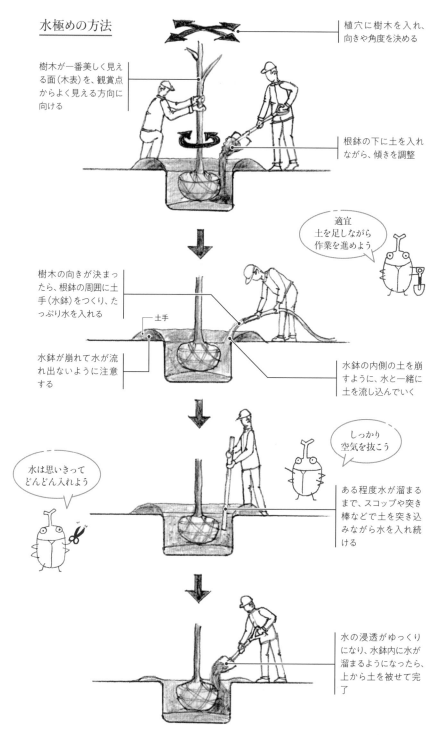

植穴に樹木を入れ、向きや角度を決める

樹木が一番美しく見える面（木表）を、観賞点からよく見える方向に向ける

根鉢の下に土を入れながら、傾きを調整

適宜 土を足しながら 作業を進めよう

樹木の向きが決まったら、根鉢の周囲に土手（水鉢）をつくり、たっぷり水を入れる

土手

水鉢が崩れて水が流れ出ないように注意する

水鉢の内側の土を崩すように、水と一緒に土を流し込んでいく

しっかり 空気を抜こう

水は思いきって どんどん入れよう

ある程度水が溜まるまで、スコップや突き棒などで土を突き込みながら水を入れ続ける

水の浸透がゆっくりになり、水鉢内に水が溜まるようになったら、上から土を被せて完了

下草・グランドカバーの植え方

下草やグランドカバーは高木の足元や手前に緑の面をつくって、植栽をより豊かで魅力的にするためのものです。普通に庭を眺めるような植栽計画でも非常に効果的ですが、地窓から植栽を眺める計画の場合は、とくに下草やグランドカバーの存在が生きてきます。

下草・グランドカバーの植え込み

植栽のエリアには1m程度の奥行きがあるとよい

下草やグランドカバーは少し傾斜させた場所に植えると立体的に見せられる。手前から奥に向かって10〜30cmほど地面が高くなるように盛土をするとよい

グランドカバーは緑の面をつくるのが目的なので、葉と葉が触れ合うくらい密に植える。密植すればその場所は雑草が生えにくくなるので、維持管理の負担が軽減できる

成長の早いものは、あまり密に植えすぎるとその後の生育が阻害されることもある。苗を購入する際に植え付けの密度の目安などを販売店に聞いておくとよい

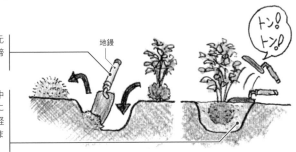

地鏝

トン♪
トン♪

苗を植え、土を戻した後は根元の土を地鏝などで軽く叩いて締め固める

下草・グランドカバーは輸送中に苗の根元が崩れてグラグラになっている場合があるので、軽く押さえて安定させないとうまく根を張らない

芝生を張る

住宅の植栽で使用する芝生は高麗芝・姫高麗芝・野芝が一般的。芝生を植える土は排水性が大切なので、必要であれば土壌改良［128頁参照］を施す。芝がしっかり根付くまでには3カ月ほどかかるので、それまではなるべく芝生の上を歩かないようにする

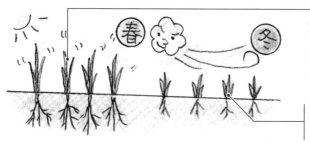

芝生の張り付け時期は春（3～6月）がよい。最適生育温度は24～35℃なので、この時期に植えれば、約1カ月ほどでしっかり根を張る

成長が止まる冬（11～2月）は張らない方が無難。乾燥などで枯死する確率が高い

芝生は1枚20×30cmの短冊を敷き詰めるように植えていく。短冊どうしに1～2cmの間隔を開けて張ることで、この隙間に芝の新芽が伸びて元気に育っていく

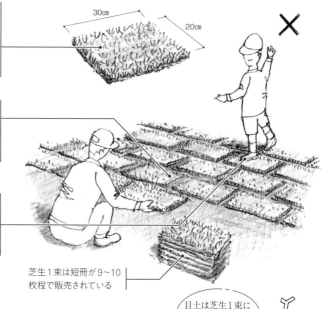

30cm
20cm

仕上がりを平にし、芝の成長を促すために、芝の表面に約1cmの「目土（めつち）」施す。目土は板などで均しながら芝の間に詰めていく

目土が完了したら、十分に水をかける。この後はできるだけ芝の上を歩かないようにする。養生期間は3～4週間程度

芝生1束は短冊が9～10枚程で販売されている

目土は芝生1束に対して1袋程度使用するよ

芝生を張った1年目は根を伸ばすまで十分に水をやる必要がある。高麗芝や野芝は一度根付けば水やり不要。ただし空梅雨や酷暑の場合は状況を見て水をやる

夏に5日以上雨が降らない場合や、葉先が縮れている場合は、ハス口でたっぷりと全面に浸み込ませるように灌水する

コケを張る

日本には約1,700種類ものコケが自生しており、日陰や日向、石の上や木の幹、都会や森の中と、生えている場所もさまざま。基本的には通気性、排水性がよく、適度な保水性のある土を好む

黒土：赤玉土：ピートモス：川砂を2:1:1:1の割合で混ぜれば、簡単にコケ土をつくれる

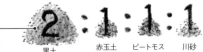

黒土　　赤玉土　ピートモス　川砂

黒土
有機物や肥料分を含んでおり、保水性がよい。粘りがありコケを固定する役割もある。黒土が入手できないときは庭土や畑の土で代用してもよい。ただし、庭土や畑の土は雑草の種子が混入していることが多いので注意

赤玉土
粒状なので土中に隙間ができ、通気性、排水性、保水性がよくなる。コケ土には細粒のものを使用する

ピートモス
有機物に富み通気、排水性がよい。バーク堆肥は繊維が荒く発芽や生育を阻害する可能性がある

川砂
通気性、排水性がよい。土が硬く締まらないようにする効果がある

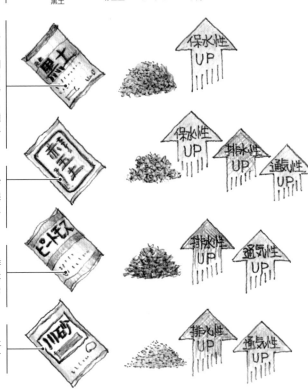

ハイゴケなどの剥がれやすいコケは、砂で目土をして風で飛ばされないようにする

直射光を遮り、湿度調整・表土の乾燥を防ぐためにも、目土を施す。コケが枯れたり変色したりすることを防止できる

雨でコケが流されないようにする重石の効果があるよ。細粒のものがおすすめ

高木の補強

植えたばかりの高木は、風で揺れると根の活着率が下がったり、倒木の危険性が高まったりするので支柱で補強するとよいでしょう。支柱には八掛け支柱、鳥居支柱、一本支柱などの種類があり、場所と用途によって使い分けます。目立たないよう裏側に設けたり、竹などの細いものを活用したりすれば、著しく美観を損なうこともありません。

一本支柱（丸太支柱）

苗木に添える支柱。竹を使う場合は高さ2.5 m程度の木まで支えられる

樹種によって異なるが、支柱は取り付けてから3年ほどで外すとよい。あまり長期にわたって付けっぱなしにすると、支柱が成長した幹に食い込むこともある

鳥居支柱

しっかりと樹木を固定したい場合に使用する。一般的に二脚鳥居が多い。より強固にしたい場合は三脚鳥居を用いる。高さ2.5～3.5 m程度の木を補強するのに適している

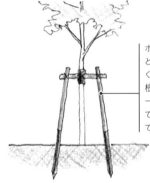

ポプラやミモザなどの木の繊維が荒く折れやすい樹木、根の浅いコニファーは台風対策として常時支柱を付けておきたい

八掛け支柱

高さ5m程度の樹木を支える場合に用いる。鳥居支柱より安定性に優れている

地下支柱

地下で根鉢を固定する支柱。3か所にACQ木材の杭を打ち、杭と根鉢をナイロン製のひもでくくりつけて固定する。杭が腐食する頃には支持根が発育している。支柱が見えず、撤去の必要もない

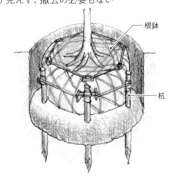

根鉢

杭

植栽のワンポイントアドバイス

ここでは、植栽計画や工事の際に少し意識するだけで、庭の完成度が一段と高くなるような「ちょっとしたポイント」をご紹介します。まったく同じ構成の庭でも、ここで紹介するポイントを取り入れるだけで印象がとてもよくなります。

狭い敷地は高低差をつける

植栽の面積（とくに奥行き）が限られている場合は、植桝を設けて高低差をつければ、花をきれい見せられる

手前を背の低いランナーの植物、奥を背の高い立ち性[※]の植物にするなど、植物の高さを生かして立体感を出してもよい

植桝や花壇は枕木などの木製のものを使うとなじみやすい

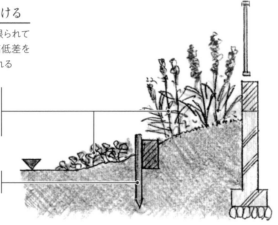

低木の中央を盛り上げる

複数の低木をまとめて植える場合は、中央部分が少し盛り上がったように植えるときれいに見える

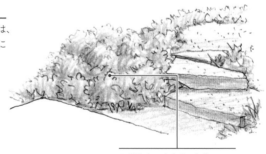

低木の株は、高さに少しバラツキがあるので、植栽エリアの縁から中央に向かって徐々に高い株を植えていく

お手入れのときも、全体のシルエットがこんもりするように枝を剪定する

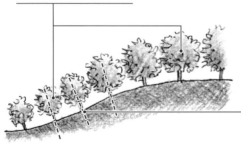

少し盛土をして、盛り上がりを強調してもよい。土で盛り上がりを強調する場合は、気勢[右頁参照]を意識して斜面に対して垂直に植えるとより美しい

※ 枝や茎が上に伸びていく性質のこと

気勢を生かす

「気勢」とは植物の形状や景色などに感じられる方向性や指向性を表す概念。植栽が育つ向きや「景色の流れ」を意識して植栽を施すことが重要である

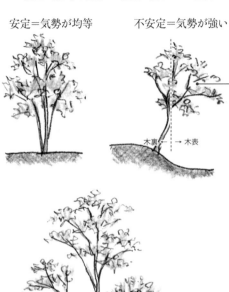

安定＝気勢が均等　　不安定＝気勢が強い

木裏←　|　→木表

日の当たる側を「木表」といい、反対側は「木裏」という。木勢は木表に向く

幹の傾きでも気勢を強調できるよ

焦点

株立ち[121頁参照]の樹木は、幹の焦点が地中の1点にある。これを参考にして、複数の樹木を植える場合は、地中の焦点に向かうように角度を付けることで、動きのある景色になる

NG!

植物は日の当たらない方向に枝葉を伸ばすことはないので、建物際に植えた植物の気勢が建物に向かうように植えるのは不自然

気勢どうしは衝突しないようにする。平面的に少し位置をずらすことで奥行きが出る

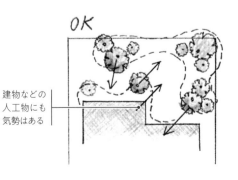

OK

建物などの人工物にも気勢はある

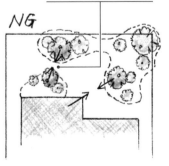

NG

アプローチの意匠とつくり方

門から玄関へ至る動線は、住宅の顔となる部分です。アプローチの通路にどのような素材と形状を採用するかで植栽の印象は大きく変わるので、設計の段階で住まい手の好みを確認しておくとよいでしょう。

延べ段

延べ段とは、敷石でつくられた通路のこと。深目地にすると石材の輪郭が強調されて、趣きのある表情になる

飛石

飛石には自然素材（川石や山石）と加工品がある。デザインによって好みの素材を選ぶとよい。整形の板石などは和モダンな雰囲気にとても合う

枕木

基礎をコンクリートにすると水が溜まって、かえって腐食しやすくなる。基礎は砕石で十分。枕木どうしは「かすがい」で固定する

コンクリート土間（歩行用）

整地
砕石の底から土間の天端までの厚み（200〜220㎜）を考慮して施工範囲の整地を行う。仕上げ面の高さの目安はGL＋40〜50㎜程度とする

砕石
100㎜ほどの厚さで砕石を敷き転圧する

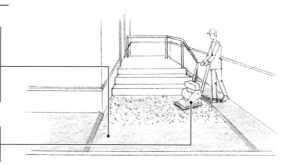

型枠・打設
ベニヤ板などを使って型枠を組む。型枠の高さはコンクリート仕上げ面に合わせる。型枠の形に合わせてカットしたワイヤーメッシュを敷き、厚さ100〜120㎜程度でコンクリートを打設する

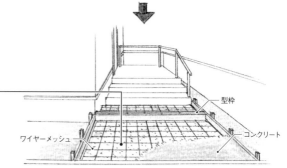

型枠

ワイヤーメッシュ

コンクリート

均し①
中央が少し高くなるように左右に水勾配を取りながら、金鏝で表面を均す

玉砂利の色や大きさによって表情が変わるよ

フムフム

均し②
玉砂利を蒔いて、再度金鏝で表面を均す

玉砂利

洗い出し
コンクリートが少し固まるのを待ってから、噴霧機などで表面に浮いているモルタルをやさしく洗い流す

養生
養生期間は1〜2日。その間は上を歩いたりするのは控える

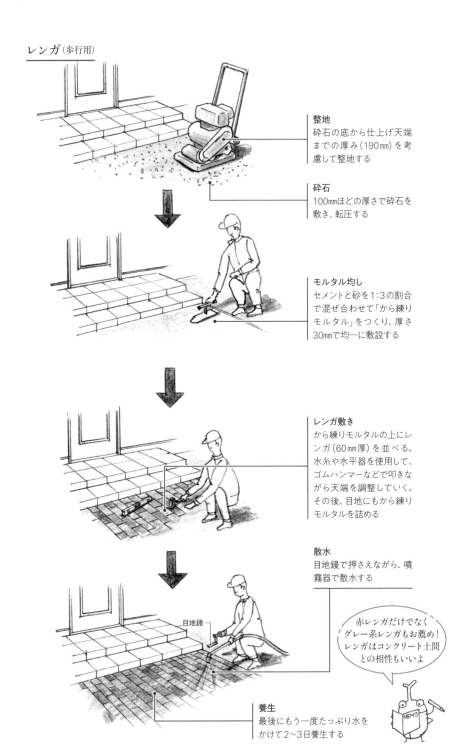

レンガ（歩行用）

整地
砕石の底から仕上げ天端までの厚み（190mm）を考慮して整地する

砕石
100mmほどの厚さで砕石を敷き、転圧する

モルタル均し
セメントと砂を1:3の割合で混ぜ合わせて「から練りモルタル」をつくり、厚さ30mmで均一に敷設する

レンガ敷き
から練りモルタルの上にレンガ（60mm厚）を並べる。水糸や水平器を使用して、ゴムハンマーなどで叩きながら天端を調整していく。その後、目地にもから練りモルタルを詰める

散水
目地鏝で押さえながら、噴霧器で散水する

目地鏝

赤レンガだけでなくグレー系レンガもお薦め！レンガはコンクリート土間との相性もいいよ

養生
最後にもう一度たっぷり水をかけて2～3日養生する

雨水桝や暗渠管で排水する

雨の多い日本の植栽に排水計画は必須です。敷地条件によっては、水溜まりができたり、隣地に流れ込んだりしてトラブルにつながる可能性もあります。近年はゲリラ豪雨も問題になっているので、最悪のケースを想定して備えておきましょう。

雨水桝・浸透桝

建築施工図で配管を確認するか、現地調査を行い、一番遠い雨水桝から最終桝までの排水勾配を確保できるように最終桝の深さを調整する。勾配の目安は1/100程度（排水管長×1%）

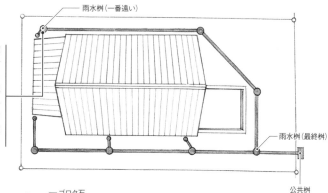

雨水桝（一番遠い）

雨水桝（最終桝）

公共桝

ゴロタ石

ネット

浸透桝

浸透桝を設ける場合はGLと同じか、少し低く設定して周辺の雨水を集水しやすいようにする。蓋はネットで覆い、砂利やゴロタ石で隠すとよい

側溝・暗渠管

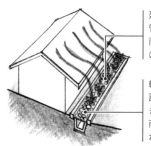

建物沿いに側溝や暗渠管を設けて、建物側に雨水が集まらないようにすることも大切

軒先の雨落ちに側溝を設け、玉石や栗石を敷き詰めることで、外壁が雨垂れの跳ね返りで汚れることを防げる

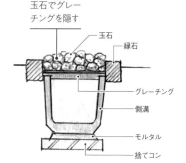

玉石でグレーチングを隠す

玉石

縁石

グレーチング

側溝

モルタル

捨てコン

集水桝

暗渠管

築山の法尻、園路と植栽エリアの境など、水が集まりやすい場所にも暗渠管を通すとよい。大雨などで土壌に浸透しきらなかった雨水を効率よく集水桝に接続できる

石と木の土留めのつくり方

地面に傾斜をつけたり、盛土をしたりする場合は、土を安定させるために土留めを行います。土留めは、庭の景観を彩る重要な要素でもあるので美しく仕上げましょう。ここでは、石を使用する場合と木材を使用する場合を例に土留めのつくり方を説明します。

石の土留め

石は、腐らず長持ちで、経年の味わいが増し、比較的大きな高低差をカバーできる。一方、重いので施工は難しい。水平線を強調したければ横長の丹波石、崩れ積みには川石や山石といった具合に、庭のデザインや好みに合わせて石の種類を使い分けるとよい

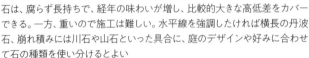

石の底辺の凹凸に合わせて、剣スコップで土を掘り、石の天端を水平にそろえる。根入れの深さは50～100mm程度。下の方に大きい石を置くことで安定する

▼GL

50～100mm

石の目地には空練りモルタルやコンクリートを詰めて接合する

水平性や安定性を確認し、問題なければ石と土の際を棒などでしっかりと突いて締め固める

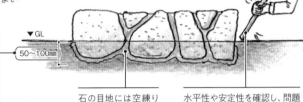

大小の石を組み合わせることによって意匠的にバランスのとれた美しい土留めを構築できる

大きな石どうしの隙間は小さい石で埋めていく

大きい石は直径200～300mm程度、小さい石は100～150mm程度

角石はとくに重くてしっかりした石を置く

石組みは重労働だよ。ケガしないように気をつけて

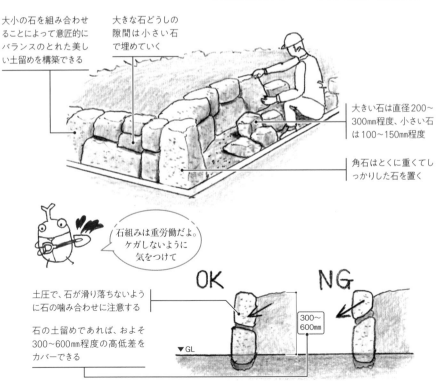

土圧で、石が滑り落ちないように石の噛み合わせに注意する

石の土留めであれば、およそ300～600mm程度の高低差をカバーできる

OK　NG

▼GL

300～600mm

木の土留め

高低差の小さな土留め（200〜450mm程度）であれば、木材を活用してもよい。石に比べると簡単につくることができるが、腐りやすいので防腐剤注入材のACQ木材を使うのがお薦め［※］。この場合は年に1回程度の頻度で防腐剤を塗布するなどのメンテナンスが必要

木板タイプ

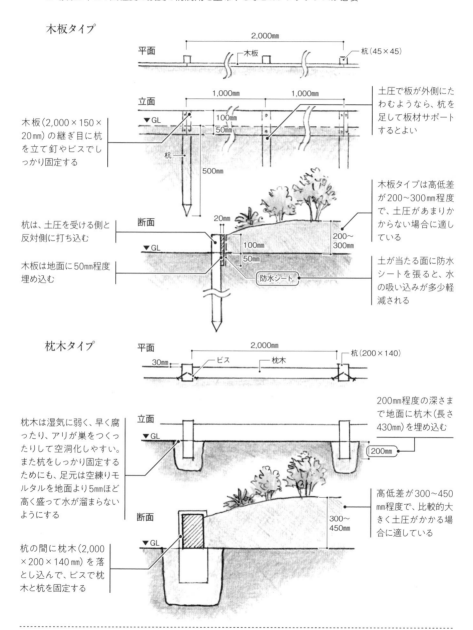

土圧で板が外側にたわむようなら、杭を足して板材サポートするとよい

木板（2,000×150×20mm）の継ぎ目に杭を立て釘やビスでしっかり固定する

杭は、土圧を受ける側と反対側に打ち込む

木板は地面に50mm程度埋め込む

木板タイプは高低差が200〜300mm程度で、土圧があまりかからない場合に適している

土が当たる面に防水シートを張ると、水の吸い込みが多少軽減される

枕木タイプ

枕木は湿気に弱く、早く腐ったり、アリが巣をつくったりして空洞化しやすい。また杭をしっかり固定するためにも、足元は空練りモルタルを地面より5mmほど高く盛って水が溜まらないようにする

200mm程度の深さまで地面に杭木（長さ430mm）を埋め込む

杭の間に枕木（2,000×200×140mm）を落とし込んで、ビスで枕木と杭を固定する

高低差が300〜450mm程度で、比較的大きく土圧がかかる場合に適している

※ 敷地条件やメンテナンスの状態にもよるが、ACQ木材を使用し乾燥状態を長く保てれば、木の土留めでも10年以上もたせることが可能

竹垣と木塀のつくり方

竹垣や木塀は自然素材なので、柔らかみのある雰囲気の植栽にピッタリです。当然、目隠しや間仕切りなどの機能的な役割もあります。意匠性と機能性の両方を検討しながら、板材の寸法やピッチなどを考えましょう。

木塀のつくり方

①親柱を立てる

フェンス用基礎ブロック150×150×300mmを1～1.2mピッチで埋め込む。その上に60mm角のアルミの角柱（親柱）を建て、モルタルで固定する

基礎ブロックの天端はGL＋10mm程度高くする

②板を張る

4,000×100×20mm程度のヒノキ板もしくはスギ板に防腐塗装を施したものをビス（1～2本）でアルミの角柱に固定する。防腐剤を注入した板材は幅が広く（240mm）、重いので木塀には不向き

風が抜けるように板材どうしは20mm程度の隙間を空ける。目隠しの効果を高めたい場合は10mm程度にする

アルミ角柱の部分に上から化粧板を張って横板のビスを隠す。化粧板は3箇所でビス留めし、木材保護塗料を塗ってビスを目立たなくする

化粧板の下にアルミプレートを張って、化粧板を少し浮かせれば立体感が出る

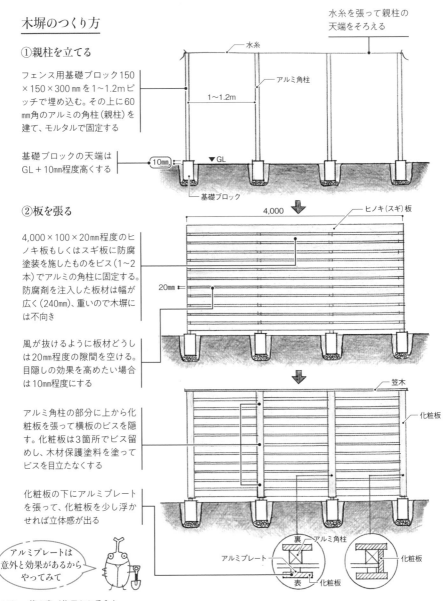

水糸を張って親柱の天端をそろえる

水糸

アルミ角柱

1～1.2m

10mm　▼GL

基礎ブロック

4,000　　ヒノキ（スギ）板

20mm

笠木

化粧板

裏　アルミ角柱

アルミプレート

表　化粧板

化粧板

アルミプレートは意外と効果があるからやってみて

竹垣のつくり方

①親柱を立てる

フェンス用基礎ブロック（150×150×300mm）を1.5～1.8mピッチで地面に埋め込む。その上に60mm角のアルミの角柱（親柱）を建て、モルタルで固定する

基礎ブロックの天端はGL＋10mm程度。基礎ブロックが見えないように、塀の足元を小石や砂利で隠してもよい

水糸を張って親柱の天端をそろえる

水糸

1.5～1.8m

アルミ角柱

10mm ▼GL

基礎ブロック

②横胴縁を取り付ける

40×20mm程度の胴縁（木製）を釘で親柱に固定する

横胴縁の固定箇所は3～4箇所

胴縁

③竹の「立て子」を取り付ける

節止め[※1]にしている部分を上に向け、水が入らないようにして横胴縁に立て子を釘留めする[※2]

笠木

釘の頭は目立つので、ペンチや金槌でつぶしたものを使用する

トン♪ トン♪

立て子のピッチはお好みで

シュロ縄などで結ぶ

立て子と横胴縁の交点をシュロ縄で結ぶと和のテイストが強くなる。シンプルに仕上げたい場合は不要

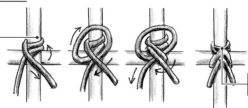

結び方は「男結び（いも結び）」が一般的

※1 節の部分で竹を切ること。この部分を上に向けることで竹の中に水が溜まるのを防げる
※2 両面張りの場合は半割れ竹を使用する

使いやすい水栓の配置

植栽のお手入れで水やりは必須です。とくに植え込み後の1年間は根の量が不十分なこともあり、35℃を超えるような猛暑日は、朝夕の水やりが不可欠。使いやすい位置に水栓があるとストレスなく水やりができます。

2種類の水栓タイプ

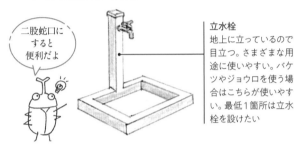

二股蛇口にすると便利だよ

立水栓
地上に立っているので目立つ。さまざまな用途に使いやすい。バケツやジョウロを使う場合はこちらが使いやすい。最低1箇所は立水栓を設けたい

散水栓
地中に埋まっているので目立たない。ホースだけを使う予定ならお薦め

水栓の配置ポイント

家の中や庭から見えにくい場所に配置すれば、ホースをつけっぱなしにしておいても気にならない

散水栓は使用するホースの長さを基準に水やりが必要なエリアをカバーできる場所に配置する。ホースは長くなりすぎると巻き取りが大変なので、20〜25m程度以下で考えるとよい

建物の近くに配置すると維持管理がしやすい。植物の根と地中管が干渉するので、樹木の足元に設置するのは避ける

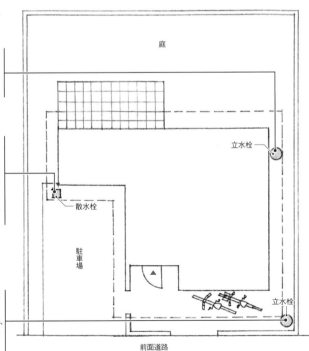

庭

立水栓

散水栓

駐車場

立水栓

前面道路

花が咲かない理由

隣の家は咲いているのに、自分の家の植栽だけ花が咲かないのは寂しいものです。花が咲かない理由はいろいろなことが考えられますが、多くの場合は以下の4つのポイントに関係している可能性があります。花の付き方がイマイチだと思ったら、心あたりのあるポイントから見直してみてください。

深植えになっている

根鉢の上に余分に土がのっていると根の張りが悪くなり、花付きが格段に悪くなる。余分な土を取ると、花付きが改善される

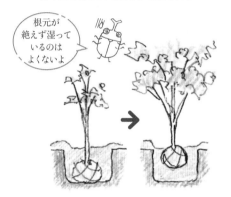

根元が絶えず湿っているのはよくないよ

剪定しすぎている

樹木によっては剪定しすぎると花を付けるような成熟した枝を伸ばさずに、徒長枝(とちょうえだ)ばかりを伸ばそうとする。このような場合は花が咲き終わった後に軽く剪定する程度に留めれば、1年後の花付きがよくなる

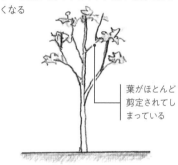

葉がほとんど剪定されてしまっている

水をやりすぎている

水はけが悪い庭は、水をやりすぎると排水不良で花が咲かなくなる。水やりの回数を減らすか、暗渠管などを埋設して排水状況を改善すれば、花付きがよくなる

肥料が多すぎる

窒素分の多い肥料は、葉ばかりが茂り、花付きが悪くなることがある。その場合はリン酸分の多い肥料に切り替えるとよい。根の張りがよくなり、花付きが改善される

蕾(つぼみ)が落ちてしまう場合は、水不足または水のやりすぎや肥料不足[※]が考えられるよ

※ 窒素、リン酸、カリウムの比率が同じものを与えるとよい

雑草を見つけやすい環境をつくる

雑草の処理は植栽のメンテナンスのなかで最も手間のかかる作業です。お手入れの負担を減らしつつ、きれいな植栽を維持するためには、雑草を見つけやすい環境をつくり、早めに対処することが大切。また、作業しやすいスペースを確保することも大切です。

メンテナンスしやすい環境づくり

目の届きにくい場所をつくらない

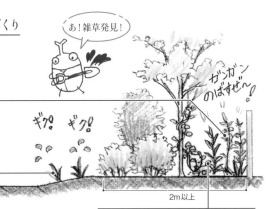

あ！雑草発見！

ガンガンのばすぜ～♪

ギクッ ギクッ

人が入っていきにくい場所や目の届きにくい場所は雑草が生えやすい。植栽の奥の方や家の中から見えにくい場所は、作業用の動線を確保してチェックしやすくする

石組みや園路などの近くは、雑草を見つけやすい

2m以上

植栽エリアの奥行きが2m以上あり、所狭しと植物が植えられて、茂みのよう状態になっているところは手入れしにくい

手の届きにくい場所をつくらない

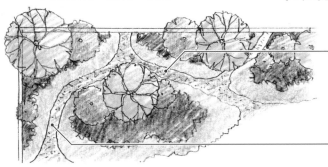

幅400〜500mm程度の人一人がなんとか通れるくらいの通路を確保する。とくに舗装などをする必要はない。けもの道のイメージ

行き止まりをつくらず、「回遊動線」にすることで、植栽のチェックやお手入れの作業がしやすくなる

植物の種類を多くしすぎない

とはいえ下草の種類が少なすぎて、単調な植栽になるのは避けたいね！

植物の種類がある程度限定されていると雑草を見つけやすい

植栽エリアが広い場合は、砂利や栗石を敷いて空間に「間」をつくることでお手入れしやすくなる

優先的に抜くべき雑草

雑草を片端から抜いていくのは、とても骨の折れる作業です。たくさん繁殖してしまった場合はとくに大変……。お手入れにかけられる時間が限られている場合などは、雑草に優先順位を付けて抜いていくことをお勧めします。厄介な雑草からこまめに処理していけば、1回の除草にかける労力を減らして、効率よく雑草を減らすことができます。

除草の優先順位が高い雑草

大型のもの、種子をたくさん落とすもの、匍匐性のものを優先的に抜いていく

大型のもの

大型雑草は放っておくと人の背丈ぐらいになる。大きく育つと除草作業やゴミの処理が大変になる

ハルジオン（キク科）、ノゲシ（キク科）、ヤブガラシ（ブドウ科）、ヒメジョオン（キク科）、ヨウシュヤマゴボウ（ヤマゴボウ科）などが大きく育つ

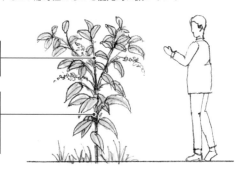

種をたくさん落とすもの

カラスノエンドウ（マメ科）、スズメノカタビラ（イネ科）、スズメノテッポウ（イネ科）、シマスズメノヒエ（イネ科）、メヒシバ（イネ科）、オヒシバ（イネ科）などが種をたくさん落とす

数年も放置すると草がマット状に増えて、表面の土ごと処分しなければならなくなることも

1つの株から100個以上の種を落とすため、そのままにしておくと年を追うごとに除草が大変になる

種を落とす前に抜けば次の年のお手入れが楽になるよ

匍匐性のもの

ドクダミ（ドクダミ科）、チガヤ（イネ科）、スギナ（トクサ科）などが地下茎で増えていく

草を抜いても、土のなかに残った根の一部からまた生えてくる。完全になくすことができず、成長も早いので、放っておくと庭中に広がる

草刈りのタイミングと便利グッズ

草刈りのタイミングは、花が咲いて種が落ちてしまう前に済ませることが大切です。せっかく除草作業をしても、種が落ちた後では、次の年もたくさん生えてきてお手入れが一向に楽になりません。逆に、適切なタイミングで除草すれば、年が経つごとに作業が楽になります。

雑草の抜きどき

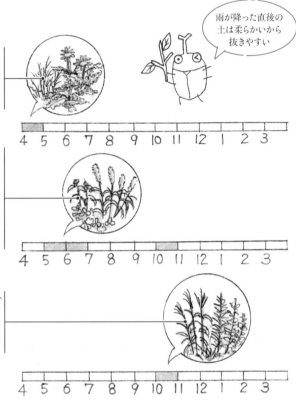

スギナ、ヨモギ、ホトケノザ、ハコベ、スズメノカタビラ、セイヨウタンポポなどの春の雑草は、まとめて4月末までに草抜きをするとよい

> 雨が降った直後の土は柔らかいから抜きやすい

| 4 | 5 | 6 | 7 | 8 | 9 | 10 | 11 | 12 | 1 | 2 | 3 |

ツユクサ、エノコログサ、カタバミ、オオバコ、ドクダミ、メヒシバ、ヤブガラシなどの夏の雑草のうち、ツユクサ、エノコログサは一年草なので、種子を落とす前の5~6月までに除草する。そのほかは10月頃までに草抜きをするとよい

| 4 | 5 | 6 | 7 | 8 | 9 | 10 | 11 | 12 | 1 | 2 | 3 |

セイタカアワダチソウ、ススキ、カカツノグサ、オヒツバなどの秋に茂る雑草は10月頃から結実するので、10月までに草抜きをするとよい

| 4 | 5 | 6 | 7 | 8 | 9 | 10 | 11 | 12 | 1 | 2 | 3 |

よくわからない雑草は3月か9月に抜く

多くの雑草は春と秋に発芽するので、生えている雑草の種類や生態がよくわからない場合は、3月か9月に抜くとよい

> 目につくようになった段階ですぐ抜くのもお勧め。根が張りきってないので抜きやすい

| 4 | 5 | 6 | 7 | 8 | 9 | 10 | 11 | 12 | 1 | 2 | 3 |

除草便利グッズ

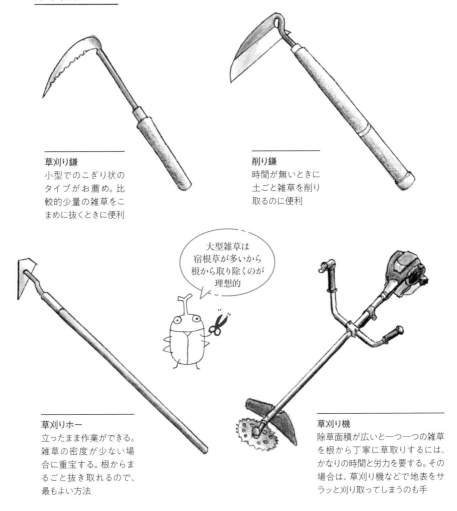

草刈り鎌
小型でのこぎり状の
タイプがお薦め。比
較的少量の雑草をこ
まめに抜くときに便利

削り鎌
時間が無いときに
土ごと雑草を削り
取るのに便利

大型雑草は
宿根草が多いから
根から取り除くのが
理想的

草刈りホー
立ったまま作業ができる。
雑草の密度が少ない場
合に重宝する。根からま
るごと抜き取れるので、
最もよい方法

草刈り機
除草面積が広いと一つ一つの雑草
を根から丁寧に草取りするには、
かなりの時間と労力を要する。その
場合は、草刈り機などで地表をサ
ラッと刈り取ってしまうのも手

除草剤を使う場合は……

除草剤は自動噴霧器で散布すると、薬剤の
使用量がかなり増えるのでお勧めしない。
ハンドスプレーを使ってピントイントで散
布する程度に留め、薬剤の使用量を抑える
とよい

水やりのポイントを押さえよう！

樹木が地中にしっかりと根を張るには1〜2年ほどの時間がかかります。根がしっかりと定着していない1年目は水やりが何よりも大切。水やりのポイントは、一度にたっぷりの水をあげることです。

夏の水やり

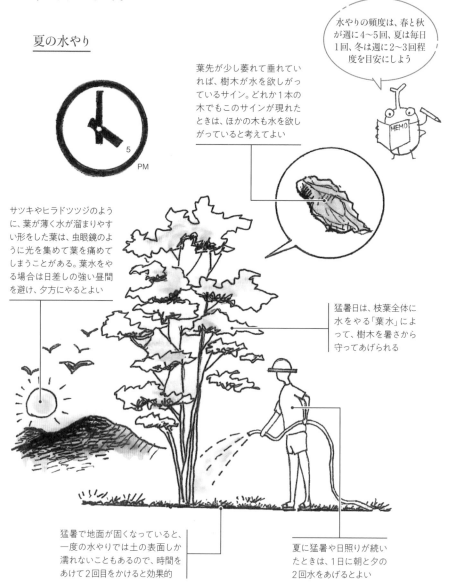

水やりの頻度は、春と秋が週に4〜5回、夏は毎日1回、冬は週に2〜3回程度を目安にしよう

葉先が少し萎れて垂れていれば、樹木が水を欲しがっているサイン。どれか1本の木でもこのサインが現れたときは、ほかの木も水を欲しがっていると考えてよい

サツキやヒラドツツジのように、葉が薄く水が溜まりやすい形をした葉は、虫眼鏡のように光を集めて葉を痛めてしまうことがある。葉水をやる場合は日差しの強い昼間を避け、夕方にやるとよい

猛暑日は、枝葉全体に水をやる「葉水」によって、樹木を暑さから守ってあげられる

猛暑で地面が固くなっていると、一度の水やりでは土の表面しか濡れないこともあるので、時間をあけて2回目をかけると効果的

夏に猛暑や日照りが続いたときは、1日に朝と夕の2回水をあげるとよい

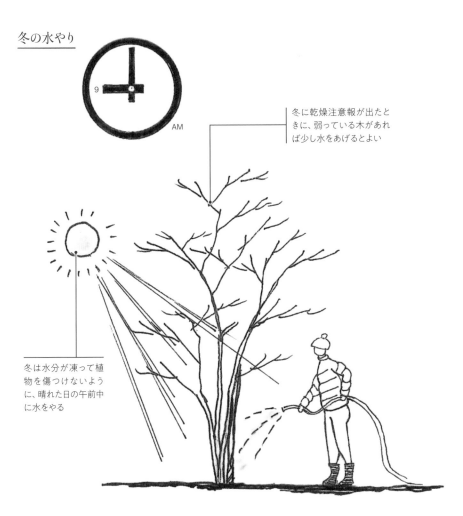

冬の水やり

冬に乾燥注意報が出たときに、弱っている木があれば少し水をあげるとよい

冬は水分が凍って植物を傷つけないように、晴れた日の午前中に水をやる

水のあげ過ぎに注意

毎日、水をやり続けると植物は「いつでも水がもらえる！」と思って浅いところばかりに根を張る。こうなると長期の外出や猛暑日などにダメージを受けやすくなる

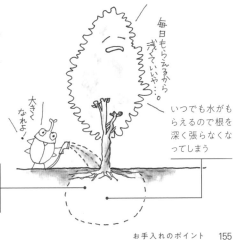

基本的には、たっぷりと水をあげてからよく乾かすことが大切。植樹1年目の猛暑日は、毎日水やりをしてもよいが、暑さがやわらいだら週に2〜3度程度でよい

いつでも水がもらえるので根を深く張らなくなってしまう

剪定すべき6種の枝

樹木を長年放置しておくと、枝が伸び放題になって樹形が崩れていきます。また、一定の範囲内に樹木の大きさを留めておくためにも剪定は必要な作業です。剪定で樹形を整えるには、高度な技術が必要ですし、作業には危険も伴うため、本格的な作業はプロに任せることをお勧めします。ここでは、剪定の際に取り除かれる基本的な枝の種類を簡単に紹介します。

立ち枝

枝から垂直に伸びた枝を「立ち枝」と言う。立ち枝は放っておくと、どんどん成長して樹形を乱すので、基本的にすべて根元から剪定する

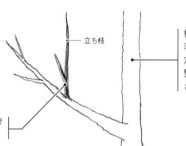

立ち枝

立ち枝は悪目立ちしやすいだけでなく、風通しも悪くする

植え替えたばかりの若木は、立ち枝を剪定することで樹形を整えつつ枝葉を充実させることができる

ふところ枝

比較的、幹に近い場所から生えている枝を「ふところ枝」という。ふところ枝は、多すぎると枝葉の密度が高くなりすぎてしまうが、逆に少なすぎても間延びした樹形になってしまう。ほどよく残しながら樹形を整えることが大切

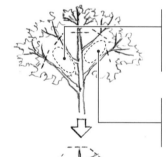

樹木は、成長するにしたがって外側の枝葉が成長し、光の当たらない内側のふところ枝はなくなっていく

樹木を大きく育てたい場合は、積極的にふところ枝を剪定してもよい

ふところ枝が少なすぎると樹木の大きさを抑えるために「切り戻し剪定」[※]をしたときに枝葉がほとんどなくなってしまう

「からみ枝」や「立ち枝」などを間引きながらほどよくふところ枝を残すように剪定する

立ち枝

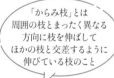

「からみ枝」とは周囲の枝とまったく異なる方向に枝を伸ばしてほかの枝と交差するように伸びている枝のこと

からみ枝

※ 枝や茎を大胆に切る剪定のこと

さかさ枝

幹の方向(内側)に向かって伸びる枝や、横から見たときに下に向かって勢いよく伸びる枝を「さかさ枝」という。樹形を乱すので基本的にすべて剪定する

平行枝

同じ方向に同じ角度で生えている枝を平行枝という。若い苗木のような、単調な印象を与えてしまう。基本的に小さい方の枝を剪定する

幹吹き枝(胴吹き枝)

幹の低い位置から大きく伸びた不自然な枝を「幹吹き枝」という。大きくなると樹形を乱すので、すべて剪定する

自然の樹木は剪定しなくても美しい姿をしているね。でも植栽はあくまでも人工の景色だから、それに合うように人の手で形を整えないとね

ひこばえ

根元付近から吹いたばかりの未熟な枝。すべて剪定する。樹木が弱ってくると、生えやすくなる

植物の主な病気

植物も病気になることがあります。風通しが悪く湿気の強い環境下で引き起こされる病気もあれば、逆に乾燥によって引き起こされる病気もあるので、完全に予防するのは難しいです。良好な生育環境を維持することはもちろん、調子が悪くなったときに適切に対処する方法も心得ておきましょう。

もち病

葉がもちを焼いたように腫れて肉厚になる。サツキやサザンカなどの若葉に多く見られ、春と秋の雨や曇りが多い時期に発生しやすい。発生したら葉をこまめに摘み取って処分する

ダコニールやサンボルドーなどの薬剤がよく効く

すす病

葉の表面が黒ずんで、しだいに真っ黒になる。原因はアブラムシやカイガラムシの排泄物がもとになってカビが蔓延することにある。原因となる虫を駆除すれば、回復することもあるが、黒ずみが長く残ってしまうことが多い

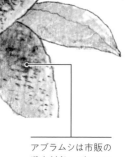

カイガラムシは
簡単には退治できないから
駆除する場合は専門家に
相談しよう

手間はかかるが、軍手などで黒くなった葉をやさしく擦るときれいに取れる

アブラムシは市販の殺虫剤(トレボンやスミチオン)で駆除する

うどんこ病

カビによる病気で、葉っぱに白い粉が付いたようになる。野菜にも発生する。ジメジメした環境がよくないと思われているようだが、乾燥した時期によく発生し、5～6月と9～11月の年2回が繁殖期

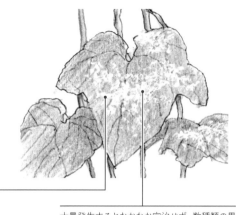

初期に殺菌剤（サプロールやサンヨール）をかけ、乾燥しないようにしっかりと水をやると治ることが多い。こじらせると大変なので早期発見を心がける

大量発生するとなかなか完治せず、数種類の異なるタイプの薬剤を月2～3回のペースで1年以上散布し続けなければ効果が出ない

さび病

オレンジ～茶色の錆のような斑点が全体に広がっていく。春と秋の曇りや雨が続く時期に多く発生し、風通しが悪い環境でも発生する。枝葉が茂りすぎているところは空気が澱みがちになるので、透かし剪定をすることが大切

広範囲に発生した場合は、ダコニールやサプロールなどの薬剤を使用した方がよい

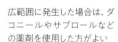

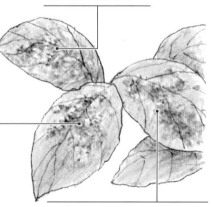

さび病が発生した枝葉はすぐに取り除く

さび病はアルカリ性に弱いので市販の重曹も効果的。水1ℓに対して重曹1gを溶かして霧吹きなどで全体に散布する

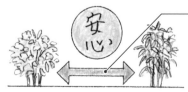

さび病には2つの宿主を行き来するタイプの菌（異種寄生菌）がある。カイヅカイブキなどのビャクシン類と、ナシやボケなどのバラ科は予防として近くに植えない方がよい

関東と関西の土の違い

関東地方と関西地方では土の質が違います。関東平野を広く覆っている関東ローム層は、火山灰起源の地層で色は黒から赤。関西は主に真砂土といって、花崗岩が風化してできた黄から茶色の土壌です。土壌の性質の違いは、土壌改良の方法や植物の生育状況に影響するので、植栽やお手入れをする際の参考になります。

関東の「関東ローム層」

関東ローム層は「ローム」でありながら適度に砂がまじり、保水性・透水性もある。基本的には土壌改良材がなくても植物を生育できる良質な土壌である

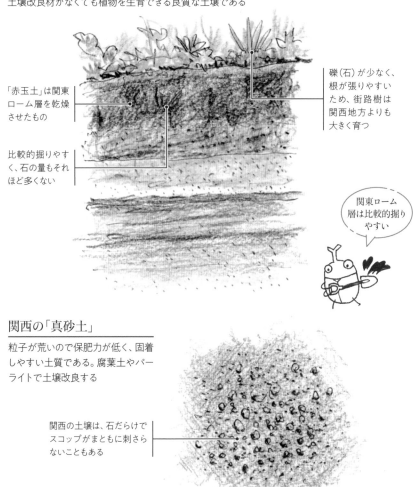

「赤玉土」は関東ローム層を乾燥させたもの

比較的掘りやすく、石の量もそれほど多くない

礫（石）が少なく、根が張りやすいため、街路樹は関西地方よりも大きく育つ

関東ローム層は比較的掘りやすい

関西の「真砂土」

粒子が荒いので保肥力が低く、固着しやすい土質である。腐葉土やパーライトで土壌改良する

関西の土壌は、石だらけでスコップがまともに刺さらないこともある

痒〜いチャドクガ

チャドクガは毒のある細かい毛を身に纏っており、この毛に触れるととても痒くなる厄介な存在です。発生してから数カ月経った蛹の抜け殻や死骸に残った毒毛に触れても痒くなるので、お手入れのときには注意しましょう。5〜6月と9〜11月の気候が穏やかな時期にツバキの仲間（ツバキ、サザンカ、ナツツバキ）に毛虫が発生します。

チャドクガは早めに見つけよう

発生初期は葉の裏側に規則正しく並んで、葉を少しずつ食べていく。小さいときは葉の脈まで食べられないので葉が茶色く薄いガーゼのように透ける

ある程度成長すると葉を求めて樹木全体に移動してしまうので、早期発見が大事

枝葉を揺らしたりして刺激するとポトポト落ちてくるので、発見したら刺激を与えないように枝葉ごと慎重に取って処分する

退治方法

見つけやすいように枝葉をよく透かし剪定しておくといいよ

毒毛が服に残っていると、また痒くなるから一度服を脱いでから虫さされの薬を塗ろう

死骸に残った毒毛の効果は何カ月も続くよ！うっかり触ると痒くなる

全長1.5〜2cmを超えると食害がかなりひどくなる。大量発生すると薬剤で駆除するしかないので、トレボンやスミチオンなどを散布する

少なければ家庭用のゴキブリ退治用のスプレーでも代用可能

痛いイラガ

カエデの仲間や、カキ、ウメなどのさまざまな落葉樹につき、幼虫は黄～黄緑色の蛍光色をしています。背中に生えているサボテンのような棘（とげ）に刺されると「電気が走ったような痛み」を感じることから電気虫とも呼ばれます。

イラガの発生時期

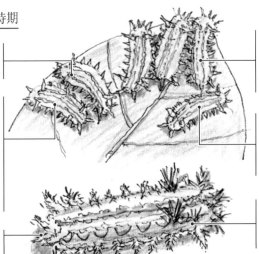

6～7月頃と8～9月頃の年2回が幼虫の発生時期

発生初期は、白～茶色の網状になった葉っぱの周辺に密集しているので、慎重に捕殺するか殺虫剤を散布する。使用する殺虫剤の種類はチャドクガと同じ［161頁参照］

葉の裏側に20～30個の卵を産み付ける

一度に孵化し、チャドクガと同じように葉の裏側にびっしりと並んで葉を少しずつ食べていく

複数の場所で発生していることが多いので、幼虫を見つけたら、ほかの樹木も確認しておくとよい

大きくなるとバラバラに動き出して、葉をほとんど食べつくしてしまう

繭の退治方法

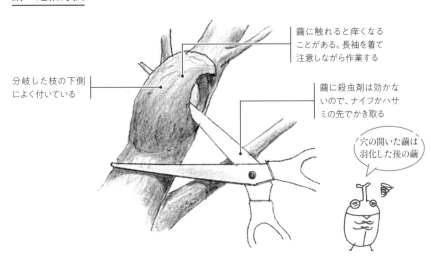

分岐した枝の下側によく付いている

繭に触れると痒くなることがある。長袖を着て注意しながら作業する

繭に殺虫剤は効かないので、ナイフかハサミの先でかき取る

穴の開いた繭は羽化した後の繭

意外と無害なモンクロシャチホコ

サクラ、ウメなどによく発生します。幼虫は小さいときは赤紫色で、大きくなるとしだいに黒味を増してきます。体じゅうに毛が生えていますが、毒はないので触ってもかぶれることはありません。幼虫の発生時期は8〜9月頃です。

見かけによらず害は少ない

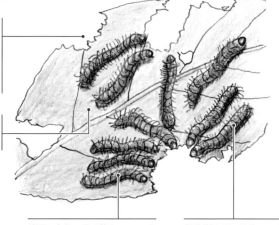

大量に発生すると葉を食べつくして、樹木を丸裸にしてしまうこともあるが、食害にあっても来春には花が咲いて新芽から葉が生えてくるので、樹木の生育を阻害することは稀

ただし、弱っている枝などは、葉をすべて食べられてしまうと、枝ごと枯れてしまうこともある

幼虫が葉に群れている姿はかなり衝撃的……

地面に大量の糞が落ちていることがあり、雨あがりには赤みがかった水たまりができることもある

街路樹などに発生しても退治せず、そのままにしておく自治体も増えている

対処方法

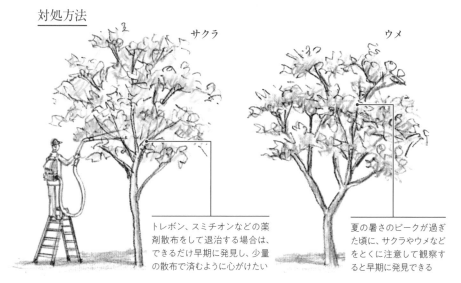

サクラ

ウメ

トレボン、スミチオンなどの薬剤散布をして退治する場合は、できるだけ早期に発見し、少量の散布で済むように心がけたい

夏の暑さのピークが過ぎた頃に、サクラやウメなどをとくに注意して観察すると早期に発見できる

植栽に集まる虫たち

ここでは庭に住んでいる一般的な虫たちを紹介します。植物の生育や美観を損なうような害虫もいますが、すべての虫が悪いわけではありません。害虫を捕食してくれる益虫もいますし、まったく無害な虫もいます。

カミキリムシ

幹の足元におがくずが溜まっていたらカミキリムシの幼虫がいるサイン。おがくずの近くを観察すると幹の表面を削り取ったような溝や直径10mm程度の穴を見つけることができる

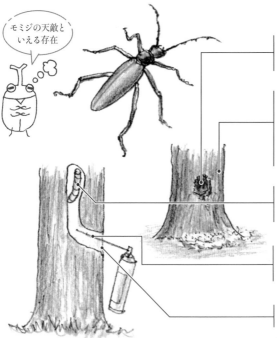

モミジの天敵といえる存在

幼虫がトンネルを掘るように幹を食べてしまう。ひどい場合は枯れてしまうこともある

カエデ類ではハウチワカエデ、コハウチワカエデ、ノルウェーカエデなどがよく被害にあう。エゴノキやヤマボウシも食害されることがある。こまめに観察して早めに駆除したい

針金を穴の中に差し込んでやっつける方法もあるが、奥の方まで入り込んでいるとうまくいかない

「キンチョールE」（KINCHO）などのスプレーのノズルを穴の奥まで差し込み薬剤を流し込む

薬剤を入れた後は癒合剤（なければ木工ボンドなど）で穴を塞ぐ

アブラムシ

アブラムシは柔らかい新葉を好む。樹液を吸って必要なタンパク質を取り入れると、不要な糖分や水分を排出する。大量に樹液を吸ってどんどん排泄するので、足元にある植物が蜜でべとべとになる。アブラムシのいるところには必ずアリがいる

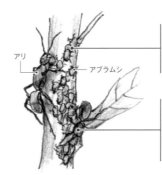

アリ

アブラムシ

すす病［158頁参照］の原因となるので、市販の殺虫剤（トレボンやスミチオン）で駆除する

アブラムシと一緒に群がっているアリは、排泄物や分泌物の糖分を目当てにしているので、アブラムシを駆除するといなくなる

アシナガバチ・スズメバチ

ハチが樹木の周りを飛んでいたら近くに巣がある。樹木の上、軒裏、地面の穴などに巣をつくる

アシナガバチ

スズメバチ

市販のハチ用殺虫スプレーで退治することはできるが、危険なので専門家に駆除を依頼する

アシナガバチは巣が大きくなった夏以降に攻撃性が増す

益虫

見た目が少しグロテスクなものもいるが、害虫を捕食してくれる益虫たちも存在する

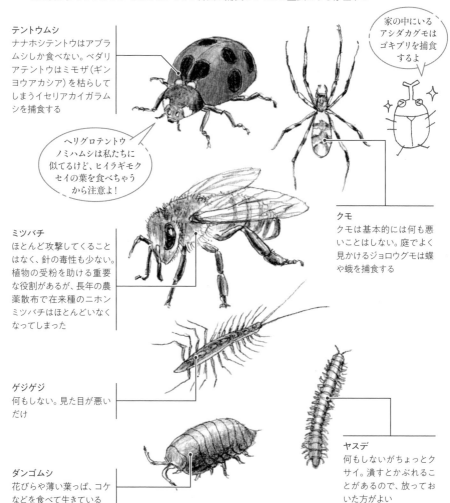

テントウムシ
ナナホシテントウはアブラムシしか食べない。ベダリアテントウはミモザ(ギンヨウアカシア)を枯らしてしまうイセリアカイガラムシを捕食する

ヘリグロテントウノミハムシは私たちに似てるけど、ヒイラギモクセイの葉を食べちゃうから注意よ!

家の中にいるアシダカグモはゴキブリを捕食するよ

クモ
クモは基本的には何も悪いことはしない。庭でよく見かけるジョロウグモは蝶や蛾を捕食する

ミツバチ
ほとんど攻撃してくることはなく、針の毒性も少ない。植物の受粉を助ける重要な役割があるが、長年の農薬散布で在来種のニホンミツバチはほとんどいなくなってしまった

ゲジゲジ
何もしない。見た目が悪いだけ

ヤスデ
何もしないがちょっとクサイ。潰すとかぶれることがあるので、放っておいた方がよい

ダンゴムシ
花びらや薄い葉っぱ、コケなどを食べて生きている

要注意！ クセの強い植物図鑑

「生命力が強すぎてメンテナンスが大変」「触るとかぶれる」といった少し癖のある樹木がいくつかあります。これらの樹木には植栽としてよく植えられるものもたくさんありますが、あらかじめ癖を把握したうえで採用した方が安心です。

生命力モリモリ系

シマトネリコ

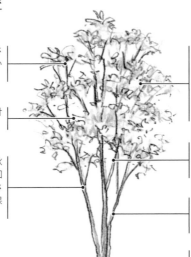

シマトネリコは暑さ寒さに強く、病害虫にも強い耐性がある人気の樹木

成長力が強いので、根付くと成長が早い

初夏の芽摘み剪定と、秋の切り戻し剪定の年2回の剪定を繰り返せば、さほど暴れずに樹形を保てる

植えたばかりの頃は枝ぶりが端正で風に揺れる感じがとても柔らかいが、何度か切り戻し剪定をしていると急に幹が太くなりはじめる

回復力がとても早く、いつまで経っても強剪定を続けなければならない

繁殖力がとても強く、種が風に飛ばされて知らない間に増えている

種子の発芽率が高く根元に実生（みしょう）[※1]がたくさん生える

ニセアカシア

ニセアカシアは初夏に咲くさわやかな白い花に見ごたえがあり、メインツリーにしたいという要望がよくある

風に飛ばされた種が数メートル離れたところで発芽する

長い棘が生えるので剪定作業が大変

もとの株が大きくなると周囲に根を伸ばし、地下茎で増えていく。少し離れたところからひこばえが生えてきて、気が付くと周りがニセアカシアだらけになるということがよくある

痩せた土地でも強力に繁殖して手に負えなくなることもある。生育も早い

※1 種から発芽して成長している植物のこと

かぶれる系

ウルシの仲間は程度の違いはあるが、かぶれることがある。実生で生えてくることがあるので、見つけしだいひこばえを切るか根ごと抜く必要がある。特徴的な葉の付き方（奇数羽状複葉[※2]）なので見分けやすい

ウルシの仲間以外にも、キョウチクトウ トウダイグサ センニンソウなどはかぶれる系の植物だよ。イラクサもかぶれることがあるよ

ヤマウルシ (山漆)

葉に丸みがあり、先が大きく付け根が小さいのでほかのウルシの仲間と区別しやすい。樹液や葉に触るとひどくかぶれる。山でよく見かける

ヌルデ (白膠木)

複葉の淵にのこぎりのようなギザギザがあり、葉軸にも帯のような葉が付いている

ハゼノキ (櫨の木)

よく実生で生えてくる。ヤマウルシほどでないが、肌の弱い人は葉に触れただけでもかぶれる。真っ赤な落ち葉はとてもきれい

刺さる系

植物には身を守るために進化の過程で葉や枝を変化させて棘を身に纏っているものがある。お手入れのときに刺さると危ないので注意が必要

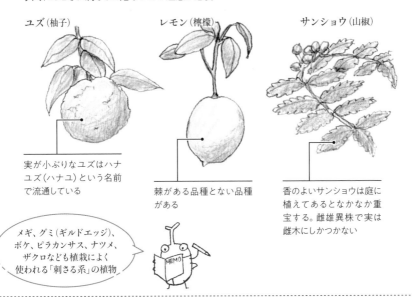

ユズ (柚子)

実が小ぶりなユズはハナユズ (ハナユ) という名前で流通している

レモン (檸檬)

棘がある品種とない品種がある

サンショウ (山椒)

香のよいサンショウは庭に植えてあるとなかなか重宝する。雌雄異株で実は雌木にしかつかない

メギ、グミ (ギルドエッジ)、ボケ、ピラカンサス、ナツメ、ザクロなども植栽によく使われる「刺さる系」の植物

MEMO

※2 葉軸の左右に並ぶ葉に加えて、先端に1枚葉があるもの

第 **3** 章

美しい
植栽計画図鑑

この章では実際に完成した植栽を例に、植栽計画の実践的なポイントを解説します。これまでに説明してきたテクニックをたくさん応用しているので、復習のつもりで読んでください。周辺環境、間取り、開口部、前面道路などさまざまな要素との関わりを読み解きながら、植栽の力で建物や空間の魅力的を高めるための工夫が随所に盛り込まれています。一見無秩序に植えられているように見える植栽も、さまざまな目的や計画にもとづいてつくり込まれていることがよくわかると思います。

どこから見ても美しいアプローチ

外構エリアに比較的余裕のある敷地ですが、「ゆったりとした広めのアプローチ」や「車2台分の駐車場」が欲しいという要望を盛り込むと、実質的な植栽スペースはそれほど広くありません。また、前面道路から玄関までの距離が9mと少し長めなので、直線的で単調なアプローチにならないように、限られたスペースで変化のある景色をつくる必要がありました。

道路側からの見え方を考える

前面道路から玄関への視線を遮り、アプローチの視線のトメをつくるために、動線をクランクさせて4mの高木（サルスベリ）を植えた。サルスベリは花や紅葉など、季節の変化が美しい

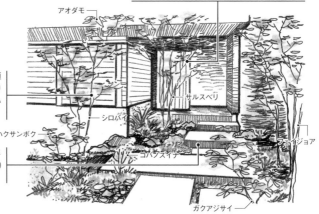

駐車場とアプローチの境目に植えたシロバイは、360度しっかりと見られるので、樹形の美しいものを苗圃で直接選んだ

子どもや祖父母が歩きやすいように、アプローチの段差は120mmに設定

アオダモ

サルスベリ

シロバイ

ハクサンボク

コバウスイナ

フェイジョア

ガクアジサイ

玄関側や隣家からの見え方を考える

玄関側から見たときの景色に違いをだすために、高木（サルスベリ）の手前に、中木（ミツバツツジ）を植えている

敷地沿いには隣地のフェンスブロックよりも低い常緑樹（ハクサンボクやヒゼンマユミ）を植えて、ブロックの圧迫感を軽減している。ハクサンボクやヒゼンマユミは樹高がブロックより低いので、枯葉が隣地に落ちにくい

隣地の窓からポーチが丸見えにならないように、玄関の脇に2.5mの常緑高木（ロドレイア）を1本植えた。個性のある樹木であり、視線のトメとしても機能する

ロドレイア

サルスベリ

フェイジョア

ハクサンボク

ハルイチバンツツジ

ミツバツツジ

タイム

場所ごとに雰囲気を少し変える

植栽全体の構成は落葉樹7：常緑樹3の割合を意識しているね

中庭は明るい半日陰で湿度が高い空間なので、ハイゴケの生育に適している（メンテナンスは必要）

アプローチのグランドカバーはタイムを選択した。一方、玄関扉を開けてすぐ見える中庭のグランドカバーはハイゴケ。玄関の内と外で植栽の雰囲気を少し変えている

葉の小さな高木（サルスベリやシロバイ）に葉の大きな中低木（ハクサンボクやガクアジサイ）を合わせて変化をもたせるのがポイント

枕木の階段を設けて、駐車場と玄関の最短導線を確保

アジサイ・アナベル

フェイジョア

ヒゼンマユミ

ガクアジサイ

ハイノキ

中庭

ナツハゼ

和室

ロドレイア

ミツバツツジ

アオダモ

庭

ハルイチバンツツジ

サルスベリ

ハクサンボク

シロバイ

ハクサンボク

コバノズイナ

駐車場

道路

浴室

K

冷

脱衣室

洗

UP

LD

玄関

南側の土間スペースを囲む木塀の内側に高木（アオダモ）を1本植えて、アプローチと塀の内側に連続感をもたせている。サルスベリやシロバイのようにサラッとした姿のアオダモで連続感を出している

アプローチ（金鏝仕上げ）と駐車場（洗出し）のコンクリートの仕上げにも変化をもたせている

0　1　2　3　　　　5m

短いアプローチは奥行きが要

前面道路と敷地の間を流れる水路を渡って、玄関にアクセスするアプローチ。道路から玄関までの距離が短いので、石積みの塀を立てて動線をクランクさせ、玄関扉が丸見えにならないようにしています。水路の壁、隣地のコンクリートブロック、引込み柱など、外観上あまり好ましくない要素が玄関廻りに集中していたので、植栽を使ってアプローチの印象を整えました。

景色のノイズを自然に和らげる

ガスメータ、引込み柱、隣地のコンクリートブロック塀の存在感を和らげるには、ヒイラギモクセイだけだと不十分なので、脇にキンモクセイを添えた

石積みの後ろのアメリカザイフリボクを「主」、常緑のヒイラギモクセイを「添」、立ち性のヘリクリサムを「対」として景色をつくっている

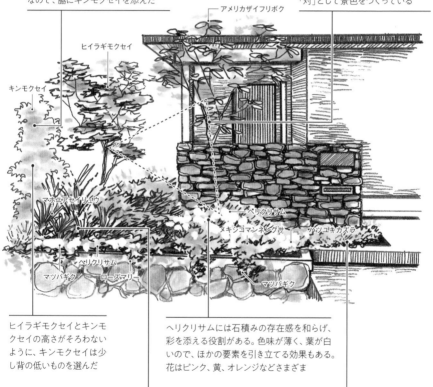

アメリカザイフリボク

ヒイラギモクセイ

キンモクセイ

マホニアセイリュウ

ヘリクリサム

メキシコマンネングサ

ハツユキカズラ

マツバギク

ローズマリー

マツバギク

ヒイラギモクセイとキンモクセイの高さがそろわないように、キンモクセイは少し背の低いものを選んだ

ヘリクリサムには石積みの存在感を和らげ、彩を添える役割がある。色味が薄く、葉が白いので、ほかの要素を引き立てる効果もある。花はピンク、黄、オレンジなどさまざま

ヒイラギモクセイの葉が鋸歯（のこぎりば）でややカッチリとしているので、サラサラとした風にそよぐマホニアセイリュウを下草に選んだ

足元に下草を植えて石積みの存在感を和らげている。玄関前が明るい印象になるように、メキシコマンネングサやハツユキカズラなどのにぎわいのある下草で彩った

敷地全体の植栽に関連性を持たせる

駐車場から玄関までの道のりがきれいだね

玄関前はカラーリーフや葉の形の異なる下草を植えてにぎやかさを演出した。人の目をひきつけるローズマリー、マツバギク、ハツユキカズラのように葉が垂れている下草がお薦め

南面の主庭が横に幅広い敷地条件なので、モミジを数本並べて植えることで、まとまりのある景色をつくっている。数本連続させれば、美しい紅葉の景色を楽しめる

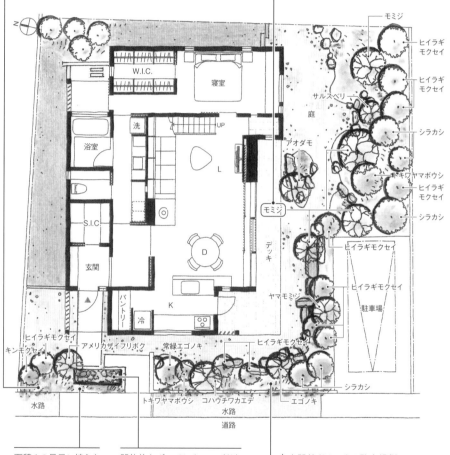

モミジ

ヒイラギモクセイ

ヒイラギモクセイ

サルスベリ

シラカシ

アオダモ

トキワヤマボウシ

ヒイラギモクセイ

モミジ

シラカシ

ヒイラギモクセイ

ヒイラギモクセイ

駐車場

ヤマモミジ

W.I.C.

寝室

洗

UP

浴室

L

S.I.C

玄関

パントリー

D

デッキ

冷

K

ヒイラギモクセイ

キンモクセイ

アメリカザイフリボク

常緑エゴノキ

ヒイラギモクセイ

シラカシ

水路

トキワヤマボウシ　コハウチワカエデ

エゴノキ

水路

道路

石積みの足元に植えた下草は水路の壁の存在感も和らげてくれる

開放的なポーチにクローズドな石積みの塀を組み合わせることで、「見え隠れ」[103頁参照]を生み出し、奥行きを感じさせる

玄関前だけでなく駐車場側の水路の際にも下草を植えて、水路の壁の存在感を和らげている

0　1　2　3　　　5m

テラスから植栽を堪能する

ダイニングに面した南庭と浴室・脱衣室に面する北庭のある住宅です。南庭には、深い軒に覆われた大きなテラスが広がり、ダイニングと庭をつなぐ中間領域となっています。テラスやデッキは、屋内と庭の心理的な距離を近づけるうえで、とても有効に機能します。植栽計画に工夫を凝らして、その魅力を存分に引き出しましょう。

テラスの近くの落葉樹が主役

高さ4〜5mのコナラ2本とエゴノキ1本が南庭の主役。2種類の落葉樹を植えることで、紅葉の色の違いを楽しめる

日射遮蔽の効果を期待するなら、葉張りのよいものを植えるか、2本を寄せて植えるとよい

盛土の高さは、高いところでGL＋800mm程度。高低差でメリハリをつけている

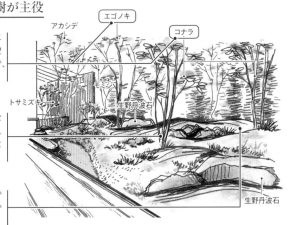

アカシデ
エゴノキ
コナラ
トサミズキ
生野丹波石
生野丹波石

屋内と屋外に「つながり」をつくる

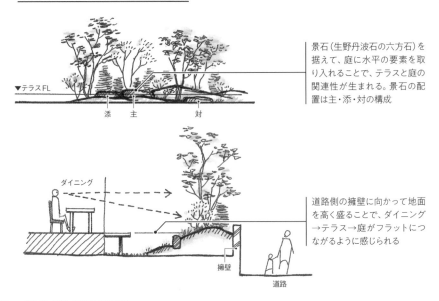

▼テラスFL
添　主　対

ダイニング
擁壁
道路

景石（生野丹波石の六方石）を据えて、庭に水平の要素を取り入れることで、テラスと庭の関連性が生まれる。景石の配置は主・添・対の構成

道路側の擁壁に向かって地面を高く盛ることで、ダイニング→テラス→庭がフラットにつながるように感じられる

観賞点が決まっている庭のつくり方

視点の方向が決まっている南向きの庭は、近景を落葉樹、遠景を常緑樹とするのが基本的な構成。手前の落葉樹で季節の移ろいを見せ、奥の常緑樹で目隠しと背景をつくる

S字の空間構成で植栽の配置に前後の変化をつけている。樹木のスカイラインを稲妻型にすることも意識する

庭を眺める方向が限定されているから、一方向から見て樹形の美しい樹木で十分！八方美人の樹木を選ぶ必要はないよ

テラスはダイニングと一体的に使ってBBQなどを楽しめる。ダイニング、キッチン、玄関ホールと3つの空間から直接出入りできる回遊動線になっているので使いやすい

ソヨゴ
ミツバツツジ
オウゴンマサキ
コナラ
ヒメシャリンバイ
オウゴンマサキ
レイランディ
ヤマボウシ
ヒイラギモクセイ
常緑ガマズミ
アオダモ
ヒイラギモクセイ
シマトネリコ
トサミズキ
ヒイラギモクセイ
モミジ
ソヨゴ
レイランディ
南庭
エゴノキ
アカシデ
コナラ
テラス
寝室
W.I.C.
浴室
洗面室
洗
デッキ
テラス
勝手口
玄関
D
K
UP
L
冷
パントリー
イジュ
マルバノキ
北庭
駐車場
N
道路

玄関を入ると正面に南庭のアカシデが見える。窓の中心から少し右に位置をずらして見切れさせることで、LDK側への景色の広がりを連想させる

テラスの広さは幅7×奥行き1.7m。奥行き1.7mは机の四方を囲んで座れるほどの余裕はないが、テラスを出し過ぎると庭が狭くなるので、この広さに留めた

0　1　2　3　　　5m

狭い場所に上手に植えるテクニック

北側のアプローチと東側の濡れ縁の前に小さな植栽を2箇所設けました。北側のアプローチは、ポーチの土間の隙間に植物を植えて、緑を建物の近くに引き込んでいます。濡れ縁の植栽スペースも幅は1m程度です。狭いところには狭い場所なりの魅力があります。うまく活用して、建物に彩りを添えましょう。

玄関ポーチの植栽

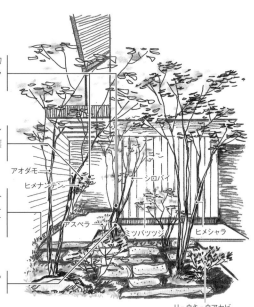

ポーチの土間の角に「視線のトメ」と「建物の角隠し」のシロバイ(常緑樹)とアスペラ(落葉樹)を施している

奥には日陰に強く縁起のよいヒメナンテンを植えた。ヒメナンテンはナンテンより葉が小さく繊細

東側の壁と土間の間には幅5cmの目地を入れタマリュウなど日陰でも育つ下草を植えている。構造物どうしの接点に植栽を施すことで、空間の雰囲気が柔らかくなる

シロバイ(常緑樹)は、道路の通行人からの目線を遮る効果もある

アオダモ
ヒメナンテン
シロバイ
アスペラ
ミツバツツジ
ヒメシャラ
リュウキュウアセビ

濡れ縁の植栽

ガクアジサイ

トサミズキを「主」、アセビを「添」、ガクアジサイを「対」として植えた。いずれの樹木も半日陰に適している

トサミズキ
アセビ

マルバシャリンバイ

ヤブラン

下草には、ホタルブクロ、ホトトギス、アスチルベ、ユキノシタなどの季節の花が美しいものを選んだ

少しでも起伏をつけ、濡れ縁と庭を近づけるために、GL＋150mm程度の土を盛った

このこぢんまりした感じが小さな濡れ縁にぴったり

緑に包まれるアプローチ

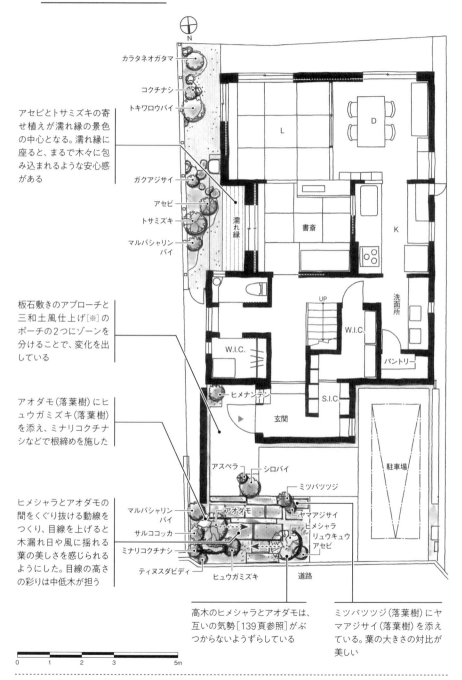

アセビとトサミズキの寄せ植えが濡れ縁の景色の中心となる。濡れ縁に座ると、まるで木々に包み込まれるような安心感がある

カラタネオガタマ
コクチナシ
トキワロウバイ

ガクアジサイ
アセビ
トサミズキ
マルバシャリンバイ

板石敷きのアプローチと三和土風仕上げ［※］のポーチの2つにゾーンを分けることで、変化を出している

アオダモ（落葉樹）にヒュウガミズキ（落葉樹）を添え、ミナリコクチナシなどで根締めを施した

ヒメシャラとアオダモの間をくぐり抜ける動線をつくり、目線を上げると木漏れ日や風に揺れる葉の美しさを感じられるようにした。目線の高さの彩りは中低木が担う

L
D
書斎
濡れ縁
K
UP
W.I.C.
洗面所
W.I.C.
パントリー
S.I.C.
ヒメナンテン
玄関
駐車場

アスペラ
シロバイ
ミツバツツジ
マルバシャリンバイ
アオダモ
ヤマアジサイ
サルココッカ
ヒメシャラ
リュウキュウ
アセビ
ミナリコクチナシ
ティヌスダビディ
ヒュウガミズキ
道路

高木のヒメシャラとアオダモは、互いの気勢［139頁参照］がぶつからないようずらしている

ミツバツツジ（落葉樹）にヤマアジサイ（落葉樹）を添えている。葉の大きさの対比が美しい

0 1 2 3 5m

※ モルタルで施工し、種石を蒔いている

小さくても豊かな植栽のつくり方

幅3×奥行き1.4mの小さな坪庭の計画です。小さな庭ですが、玄関、寝室、自宅経営のネイルサロンと3方からの眺めを楽しめるようになっています。それぞれの場所からの見え方を変化させることで、限られた植栽を最大限に活用しました。

玄関からの眺め

玄関を入ると高さ4.5mのナツツバキが見える。ナツツバキの手前には1mのドウダンツツジを植えて奥行き感を出している

玄関からの眺めは、木々の重なりが奥行きを感じさせる

寝室からの眺め

地窓の高さはGL＋1m。同じく高さ1mのドウダンツツジを中心に見せる

中庭は地面を高くするので、建築工事の段階で基礎に防水処理を施した

「ベッドで寝転んで庭を眺めたい」という要望があったため、現況GL＋30〜40cm程度、中庭の土を盛っている。下草や地面がよく見え、庭との距離が近くなる

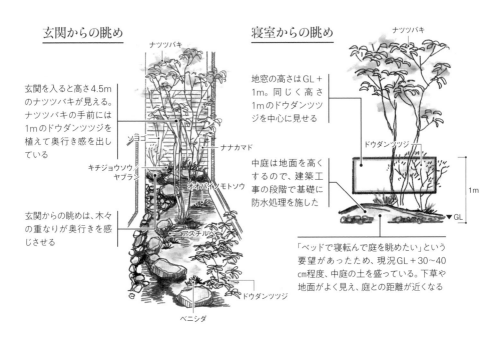

ナツツバキ
ソヨゴ
ナナカマド
キチジョウソウ
ヤブラン
オオバイノモトソウ
アスチルベ
ドウダンツツジ
ベニシダ

ナツツバキ
ドウダンツツジ
1m
▼GL

ネイルサロンからの眺め

ネイルサロンの窓からナツツバキ、ドウダンツツジ、ナナカマドを楽しめる

ネイルサロンの窓からは、ナナカマドの下半分しかみえないが、あえてトリミングすることで枠の外に広がりを感じさせる

ナツツバキは枝ぶりのよい樹木を選んだため、冬の裸木も十分絵になる

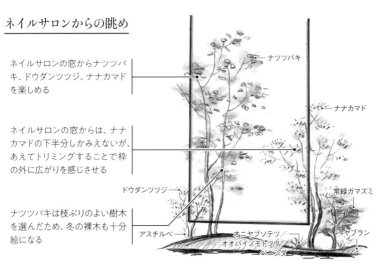

ナツツバキ
ナナカマド
ドウダンツツジ
常緑ガマズミ
アスチルベ
オニヤブソテツ／オオバイノモトソウ
ベニシダ
ヤブラン

小さな庭は日照や排水に配慮

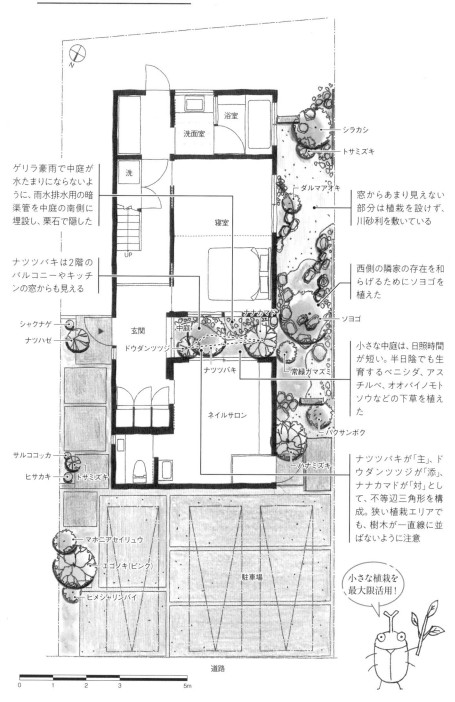

ゲリラ豪雨で中庭が水たまりにならないように、雨水排水用の暗渠管を中庭の南側に埋設し、栗石で隠した

ナツツバキは2階のバルコニーやキッチンの窓からも見える

シャクナゲ

ナツハゼ

サルココッカ

ヒサカキ

トサミズキ

マホニアセイリュウ

エゴノキ（ピンク）

ヒメシャリンバイ

洗面室

浴室

洗

寝室

玄関

中庭

ドウダンツツジ

ナツツバキ

ネイルサロン

駐車場

UP

シラカシ

トサミズキ

ダルマアオキ

窓からあまり見えない部分は植栽を設けず、川砂利を敷いている

ナナカマド

ソヨゴ

西側の隣家の存在を和らげるためにソヨゴを植えた

常緑ガマズミ

小さな中庭は、日照時間が短い。半日陰でも生育するベニシダ、アスチルベ、オオバイノモトソウなどの下草を植えた

ハクサンボク

ハナミズキ

ナツツバキが「主」、ドウダンツツジが「添」、ナナカマドが「対」として、不等辺三角形を構成。狭い植栽エリアでも、樹木が一直線に並ばないように注意

小さな植栽を最大限活用！

道路

0　1　2　3　5m

一点集中の植栽計画

アプローチ兼駐車場へとつながる門扉をくぐると、建物と塀に囲われた中庭が広がる住宅。この中庭は屋外テラス用のスペースなども確保する必要があったので、実質的な植栽エリアは全体の1/4ほどです。しかしリビングの大開口からしっかりと眺められる景色が求められたので、モミジの寄植えを主役に、一点集中で植栽をつくり込んでいます。

モミジの寄植えを主役にする

高さ5m以上のコハウチワカエデの
全景がしっかり見渡せる大開口

コハウチワカエデとイロハモミジは、
葉の大きさや紅葉の色合いが微妙
に異なる。すべて同じ樹種で統一す
るよりも変化のある景色になる

リビングの開口が非常に大きいので、
メインツリー（コハウチワカエデ）
1本だけでは、もの寂しくなってしま
う。そこで高さの異なるイロハモミ
ジを2本追加し、3本の寄せ植えを
メインとした

セキショウ、マンリョウ、ベニシダな
どの下草を根締めとして植えている

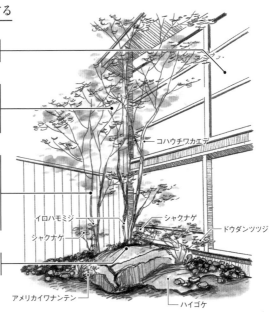

コハウチワカエデ

イロハモミジ

シャクナゲ

シャクナゲ

ドウダンツツジ

アメリカイワナンテン

ハイゴケ

狭いエリアなら高植えしやすい

リビングの吹抜けに面した、2階
の書斎からも植栽がよく見える

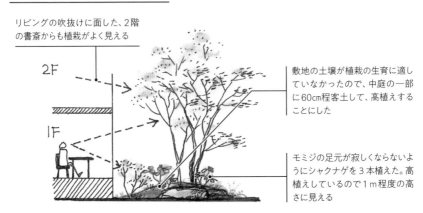

2F

1F

敷地の土壌が植栽の生育に適し
ていなかったので、中庭の一部
に60cm程客土して、高植えする
ことにした

モミジの足元が寂しくならないよ
うにシャクナゲを3本植えた。高
植えしているので1m程度の高
さに見える

庭と庭の外につながりをつくる

ドウダンツツジは
紅葉も花も新緑も楽しめる
万能樹木!

リビングは中庭と南庭
の両方に視線が抜ける
開放的な空間

西庭は、廊下・浴室・キッチンとさまざま
な場所から眺められる。場所ごとにいろ
んな樹種を植えて雰囲気を変えている
が、全体の連続感がでるようにグランド
カバーはタマリュウで統一

「添」として屋外テラス
側に高さ1.5mのドウ
ダンツツジを植えた

盛土の四辺をすべて景
石で囲んでしまうと、い
かにも「土留め用の石
を置きました」という印
象になってしまうので、
ここでは2辺だけを生
野丹波石で押さえ、あ
とはコケと栗石で土留
めをすることで、足元
の見え方に変化を出し
ている

中庭の外にサルスベリ
を置いた。リビングか
ら中庭を見たときは庭
の外に視線が抜け、逆
に道路から建物を見た
ときは、中庭の植栽と
の連続感が生まれる

視線が抜けるので中庭
のシラカシと連続性を
感じられる。シラカシと
サルスベリでも主添対
の不等辺三角形の構成
になっている

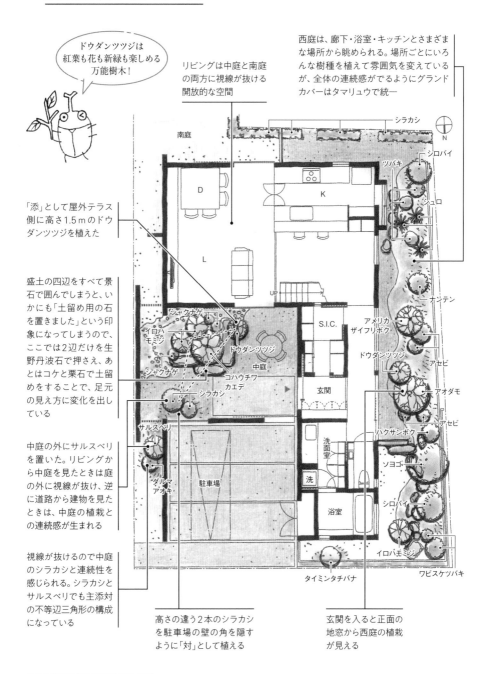

南庭

D

K

L

UP

シャクナゲ
イロハ
モミジ
ドウダンツツジ
中庭
シャクナゲ
コハウチワ
カエデ
シラカシ
サルスベリ
ダルマ
アオキ
駐車場
S.I.C.
玄関
洗面室
洗
浴室

シラカシ
N

シロバイ
ツバキ
シュロ

ナンテン
アメリカ
ザイフリボク
シュロ
ドウダンツツジ
アセビ
アオダモ
アセビ
ハクサンボク
ソヨゴ
シロバイ
イロハモミジ
ワビスケツバキ
タイミンタチバナ

高さの違う2本のシラカ
シを駐車場の壁の角を隠す
ように「対」として植える

玄関を入ると正面の
地窓から西庭の植栽
が見える

0 1 2 3 5m

実例から植栽を学ぶ　181

高木1本で魅せる

敷地東側のアプローチ兼駐車場の奥に、視線のトメとなる植栽を設けました。この植栽は階段の踊り場に面した大開口からも眺められるようになっています。植えたのは単幹のモミジ1本だけです。単幹の高木は、1本植えるだけで視線のトメとしての存在感を十分に発揮してくれます。

アメリカハナノキが主役のシンプルな構成

アメリカハナノキは、光を透過し、風に揺れる姿が魅力的

前面道路から玄関まで1.1mの高低差があるので、少し高植えにしてグランドカバー（タマリュウ）を見えやすくしている

土留めの石は少し崩すように積んで、足元に変化を出している

アメリカハナノキ

栗石

丹波石

1本の高木の美しさが際立っているね

下枝が美しいアメリカハナノキを選んで植えた

タマリュウ

足元にいろいろな下草を植えすぎると、ごちゃごちゃした印象になるので、タマリュウだけを植えてスッキリとした構成にした

落葉樹は冬の状態も想定する

この窓は隣地からの視線を気にする必要がないので、冬に裸木になる落葉樹を植えても、プライバシーの問題はなかった。落葉樹を1本だけ植える場合は、冬の状態も想定して計画することが大切

メモメモ

1年中美しい庭にしたいからね

いろんな場所からよく見える

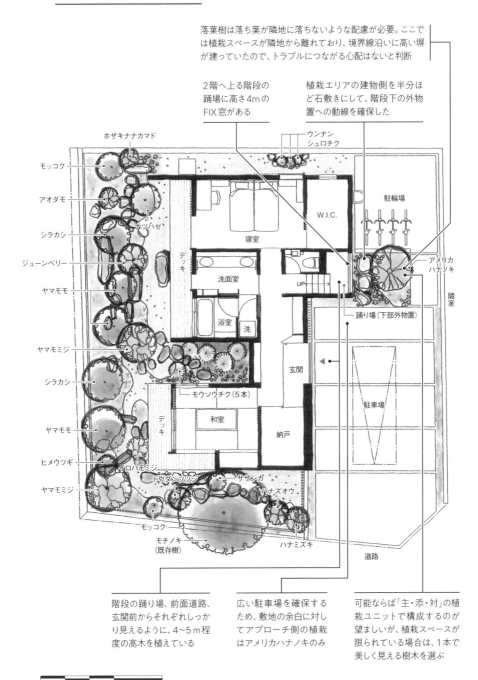

落葉樹は落ち葉が隣地に落ちないような配慮が必要。ここでは植栽スペースが隣地から離れており、境界線沿いに高い塀が建っていたので、トラブルにつながる心配はないと判断

2階へ上る階段の踊場に高さ4mのFIX窓がある

植栽エリアの建物側を半分ほど石敷きにして、階段下の外物置への動線を確保した

ホザキナナカマド

モッコク

アオダモ

シラカシ

ジューンベリー

ヤマモモ

ヤマモミジ

シラカシ

ヤマモモ

ヒメウツギ

ヤマモミジ

モッコク

モチノキ（既存樹）

ナツハゼ

デッキ

洗面室

浴室

洗

和室

イロハモミジ

トウダンツツジ

モウソウチク（5本）

デッキ

サザンカ

ハナズオウ

ハナミズキ

ウンナンシュロチク

寝室

W.I.C.

駐輪場

アメリカハナノキ

UP

踊り場（下部外物置）

玄関

納戸

駐車場

隣家

道路

階段の踊り場、前面道路、玄関前からそれぞれしっかり見えるように、4～5ｍ程度の高木を植えている

広い駐車場を確保するため、敷地の余白に対してアプローチ側の植栽はアメリカハナノキのみ

可能ならば「主・添・対」の植栽ユニットで構成するのが望ましいが、植栽スペースが限られている場合は、1本で美しく見える樹木を選ぶ

0　1　2　3　　5m

芝生の庭を楽しむ

子どもの遊び場やBBQ用のスペースが欲しいという要望を叶えるために、天然芝の広場を設けました。芝生はメンテナンスが大変なイメージがありますが、少し雑草が生えている程度なら、美観が著しく損なわれることはありません。おおらかな気持ちでお手入れしましょう。

平坦な芝生と起伏の対比

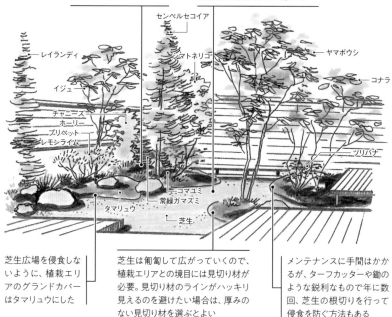

植栽エリアは少し土を盛り上げて、平坦な芝生広場と対比させている

芝生広場はBBQがしやすいよう平坦に整えた。芝生の維持管理を考えても起伏がない方が楽

センペルセコイア

レイランディ

シマトネリゴ

ヤマボウシ

イジュ

コナラ

チャニーズ
ホーリー

プリベット

レモンライム

ツリバナ

コマユミ

常緑ガマズミ

タマリュウ

芝生

芝生広場を侵食しないように、植栽エリアのグランドカバーはタマリュウにした

芝生は匍匐して広がっていくので、植栽エリアとの境目には見切り材が必要。見切り材のラインがハッキリ見えるのを避けたい場合は、厚みのない見切り材を選ぶとよい

メンテナンスに手間はかかるが、ターフカッターや鋤のような鋭利なもので年に数回、芝生の根切りを行って侵食を防ぐ方法もある

ちょっと違った芝生の楽しみ方

10cm程度の間隔を開けて、マット状のノシバを貼り、隙間にシロバナサギゴケ、スミレ、オオバコ、ネジバナなどの山野草を植えると一味違った芝生を楽しめる。0.5株/㎡が目安

芝生の庭はアクセスしやすく

隣地の建物の存在感を和らげるために、塀沿いは常緑樹を中心に植えた。全体の比率は落葉樹4:常緑樹6

芝生広場と植栽エリアの境目をS字ラインで構成することで、自然な雰囲気をつくっている[100頁参照]

寝室のデッキからも庭に直接アクセスできる

セオリー通りの7:3でもいいよ90頁を見てね

裏道は管理用の動線で、手入れのときには植木屋さんがここから出入りする。敷地外からダイレクトに庭へ出入りできる動線は必須

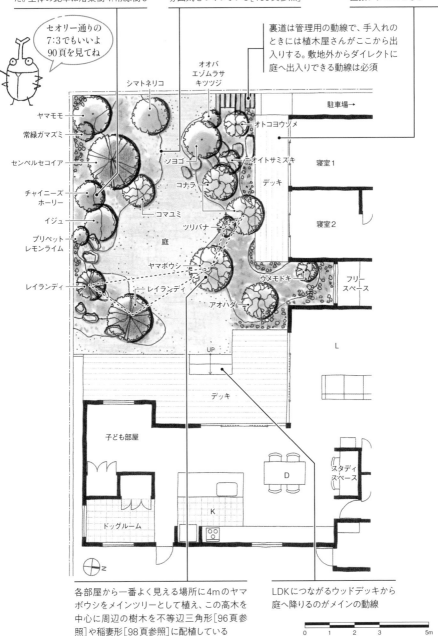

シマトネリコ

オオバエゾムラサキツツジ

ヤマモモ

常緑ガマズミ

センペルセコイア

チャイニーズホーリー

イジュ

プリペットレモンライム

レイランディ

オトコヨウゾメ

ソヨゴ

ミツバツツジ

サイトサミズキ

コナラ

コマユミ

ツリバナ

ヤマボウシ

レイランディ

ウメモドキ

アオハダ

庭

駐車場→

寝室1

デッキ

寝室2

フリースペース

L

UP

デッキ

子ども部屋

D

ドッグルーム

K

スタディスペース

各部屋から一番よく見える場所に4mのヤマボウシをメインツリーとして植え、この高木を中心に周辺の樹木を不等辺三角形[96頁参照]や稲妻形[98頁参照]に配植している

LDKにつながるウッドデッキから庭へ降りるのがメインの動線

0 1 2 3 5m

細長い敷地は「見え隠れ」を活用する

ご高齢のクライアントが車椅子で玄関まで上がれるように、アプローチにスロープを設けています。敷地南側の細長いスペースに、歩行用と車いす用の2つの動線を確保し、植栽を施す計画なので、「直線的な配植を避け、いかに変化をもたせるのか」ということが課題でした。

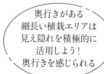

奥行きがある細長い植栽エリアは見え隠れを積極的に活用しよう！奥行きを感じられる

景石を生かして変化を生み出す

道路側からよく見える場所に大きめの御影石と台湾石を据えることで、玄関前の植栽が風格のある景色になる

車椅子に座ったときの視点高さ（約100〜120cm）からの見え方を意識して、中低木（ガマズミ、アジサイ、ガクアジサイ、シャリンバイ）や下草（トキワホウチャクソウ、ヤブランギガンティア、メキシコマンネングサ）をたくさん植えた

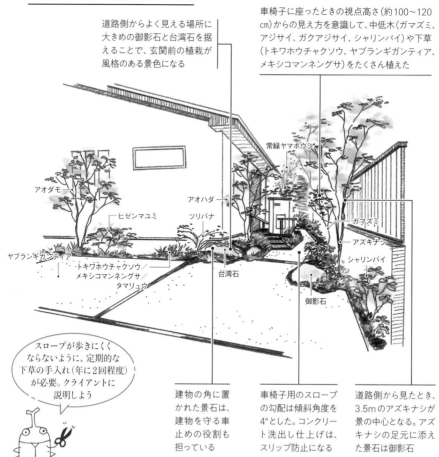

常緑ヤマボウシ

アオダモ

アオハダ

ヒゼンマユミ

ツリバナ

ガマズミ

アズキナシ

ヤブランギガンティア

トキワホウチャクソウ／メキシコマンネングサ／タマリュウ

台湾石

御影石

シャリンバイ

スロープが歩きにくくならないように、定期的な下草の手入れ（年に2回程度）が必要。クライアントに説明しよう

建物の角に置かれた景石は、建物を守る車止めの役割も担っている

車椅子用のスロープの勾配は傾斜角度を4°とした。コンクリート洗い出し仕上げは、スリップ防止になる

道路側から見たとき、3.5mのアズキナシが景の中心となる。アズキナシの足元に添えた景石は御影石

植栽が通行の妨げにならないように

アプローチの奥にある常緑ヤマボウシとミヤマガンショウは、曲がり角から見たときの視線のトメになる。また隣地の窓からの視線を遮る役割もある

アプローチの動線を少し斜めにずらして、視線がまっすぐ奥まで抜けないようにしている

南面の隣地境界線沿いの植栽は、ほぼ直線的に植えることになるので、立面で見たときにスカイラインが稲妻型になるように植栽を計画する

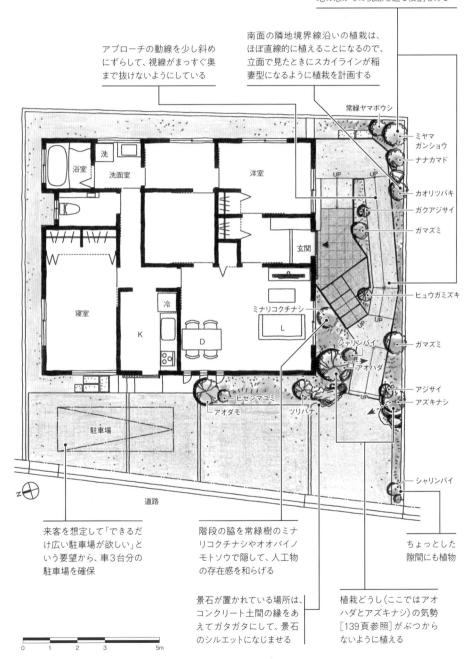

常緑ヤマボウシ

ミヤマ
ガンショウ

ナナカマド

カオリツバキ

ガクアジサイ

ガマズミ

ヒュウガミズキ

ガマズミ

アジサイ

アズキナシ

ミナリコクチナシ

シャリンバイ

アオハダ

ヒゼンマユミ

アオダモ

ツリバナ

シャリンバイ

来客を想定して「できるだけ広い駐車場が欲しい」という要望から、車3台分の駐車場を確保

階段の脇を常緑樹のミナリコクチナシやオオバイノモトソウで隠して、人工物の存在感を和らげる

景石が置かれている場所は、コンクリート土間の縁をあえてガタガタにして、景石のシルエットになじませる

ちょっとした隙間にも植物

植栽どうし(ここではアオハダとアズキナシ)の気勢[139頁参照]がぶつからないように植える

洗

浴室

洗面室

洋室

UP　UP

玄関

寝室

K

冷

D

L

駐車場

N

道路

0　1　2　3　　　　5m

リビングと寝室から中庭を堪能する

南北に細長い敷地に4.5×5mの中庭をもつ住宅の植栽計画です。敷地周辺に魅力的な景色がなく、窓を開けたときのプライバシーの確保も難しかったため、リビング・ダイニング、キッチン、寝室の三方向から眺めるための中庭をつくり、開放感を感じられる住宅をつくりました。

すべて落葉樹で組んでみる

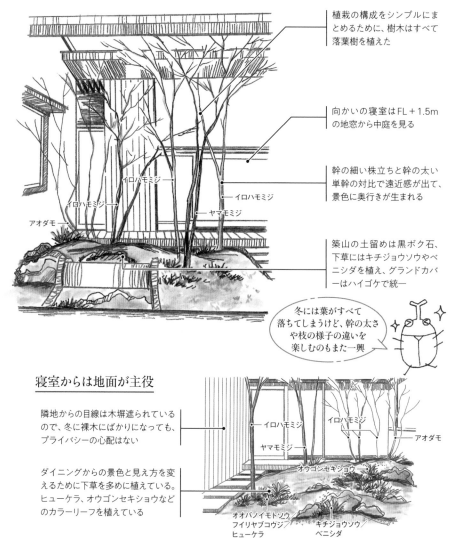

植栽の構成をシンプルにまとめるために、樹木はすべて落葉樹を植えた

向かいの寝室はFL＋1.5mの地窓から中庭を見る

幹の細い株立ちと幹の太い単幹の対比で遠近感が出て、景色に奥行きが生まれる

築山の土留めは黒ボク石、下草にはキチジョウソウやベニシダを植え、グランドカバーはハイゴケで統一

イロハモミジ
イロハモミジ
アオダモ
イロハモミジ
ヤマモミジ

冬には葉がすべて落ちてしまうけど、幹の太さや枝の様子の違いを楽しむのもまた一興

寝室からは地面が主役

隣地からの目線は木塀遮られているので、冬に裸木にばかりになっても、プライバシーの心配はない

ダイニングからの景色と見え方を変えるために下草を多めに植えている。ヒューケラ、オウゴンセキショウなどのカラーリーフを植えている

イロハモミジ
イロハモミジ
ヤマモミジ
アオダモ
オウゴンセキショウ
オオバノイモトソウ
フイリヤブコウジ
ヒューケラ
キチジョウソウ
ベニシダ

庭の見え方を立体的に考えよう

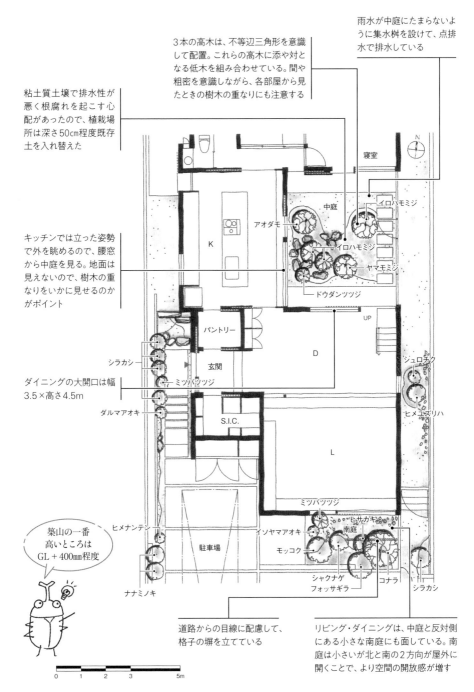

3本の高木は、不等辺三角形を意識して配置。これらの高木に添や対となる低木を組み合わせている。間や粗密を意識しながら、各部屋から見たときの樹木の重なりにも注意する

雨水が中庭にたまらないように集水桝を設けて、点排水で排水している

粘土質土壌で排水性が悪く根腐れを起こす心配があったので、植栽場所は深さ50cm程度既存土を入れ替えた

キッチンでは立った姿勢で外を眺めるので、腰窓から中庭を見る。地面は見えないので、樹木の重なりをいかに見せるのかがポイント

ダイニングの大開口は幅3.5×高さ4.5m

築山の一番高いところはGL＋400mm程度

寝室

中庭

イロハモミジ

アオダモ

イロハモミジ

ヤマモミジ

ドウダンツツジ

K

D

UP

シュロチク

シラカシ

パントリー

玄関

ミツバツツジ

ダルマアオキ

S.I.C.

ヒメユズリハ

L

ミツバツツジ

ヒメナンテン

イソヤマアオキ

ヒサカキ

南庭

モッコク

駐車場

シャクナゲ

フォッサギラ

コナラ

シラカシ

ナナミノキ

0　1　2　3　　　5m

道路からの目線に配慮して、格子の塀を立てている

リビング・ダイニングは、中庭と反対側にある小さな南庭にも面している。南庭は小さいが北と南の2方向が屋外に開くことで、より空間の開放感が増す

コケで落ち着きと統一感を

廊下、和室、駐車場の格子扉の3方向から眺めることができる中庭の計画です。庭に降りたり、通り抜けたりしやすいように石を敷いているので、植栽の面積はそれほど広くありません。敷石の隙間にはすべてハイゴケを貼り、庭全体に統一感をもたせています。

四季の草花をハイゴケでまとめる

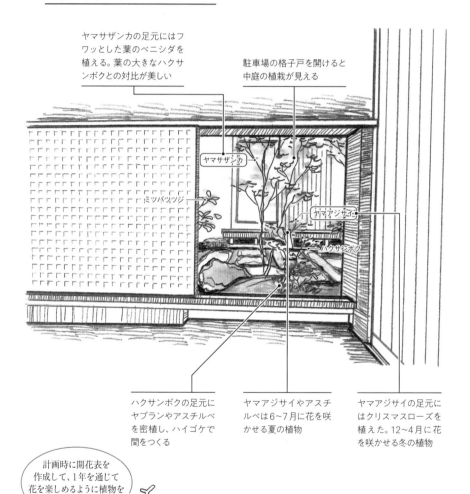

ヤマサザンカの足元にはフワッとした葉のベニシダを植える。葉の大きなハクサンボクとの対比が美しい

駐車場の格子戸を開けると中庭の植栽が見える

ヤマサザンカ

ミツバツツジ

ヤマアジサイ

ハクサンボク

ハクサンボクの足元にヤブランやアスチルベを密植し、ハイゴケで間をつくる

ヤマアジサイやアスチルベは6〜7月に花を咲かせる夏の植物

ヤマアジサイの足元にはクリスマスローズを植えた。12〜4月に花を咲かせる冬の植物

計画時に開花表を作成して、1年を通じて花を楽しめるように植物を選ぶといいよ

コケが「間」となる

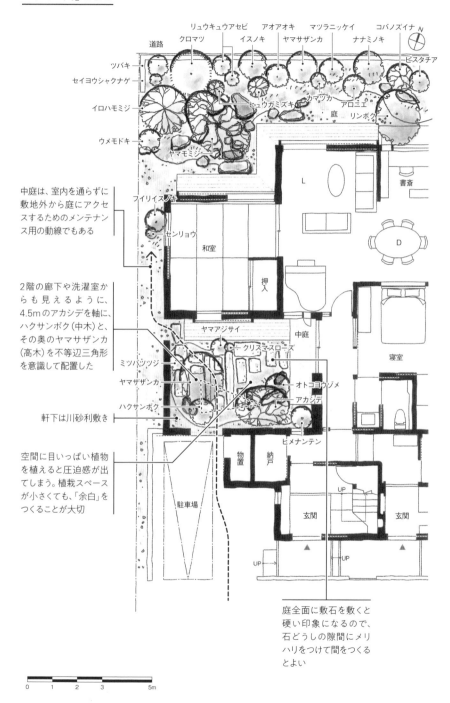

リュウキュウアセビ　アオアオキ　マツラニッケイ　コバノズイナ
クロマツ　　　イスノキ　　ヤマサザンカ　　ナナミノキ
道路
ツバキ　　　　　　　　　　　　　　　　　　　　　　　　　ピスタチア
セイヨウシャクナゲ
ヒュウガミズキ　カマツカ　　アロエ
イロハモミジ　　　　　　　　　　　庭　リンボク
ウメモドキ
ヤマモミジ

中庭は、室内を通らずに
敷地外から庭にアクセ
スするためのメンテナン
ス用の動線でもある

フイリイスノキ
センリョウ
和室

2階の廊下や洗濯室か
らも見えるように、
4.5mのアカシデを軸に、
ハクサンボク（中木）と、
その奥のヤマサザンカ
（高木）を不等辺三角形
を意識して配置した

押入

ヤマアジサイ
中庭
クリスマスローズ
ミツバツツジ
ヤマサザンカ
オトコヨウゾメ
ハクサンボク
アカシデ

軒下は川砂利敷き

ヒメナンテン

空間に目いっぱい植物
を植えると圧迫感が出
てしまう。植栽スペー
スが小さくても、「余白」を
つくることが大切

物置　納戸

駐車場

玄関　　　玄関

UP
UP
UP

L
書斎
D
寝室

庭全面に敷石を敷くと
硬い印象になるので、
石どうしの隙間にメリ
ハリをつけて間をつくる
とよい

0　1　2　3　　　5m

実例から植栽を学ぶ　191

敷地の高低差を生かす

前面道路と玄関の高低差が大きく、距離も短い住宅のアプローチです。高低差の大きな動線は敬遠されがちですが、植栽の観点からは魅力的な敷地条件といえます。地面のつくり込みを意識した植栽計画で、あえて通りたくなるような場所に変えてしまいましょう。

起伏を生かす植栽のポイント

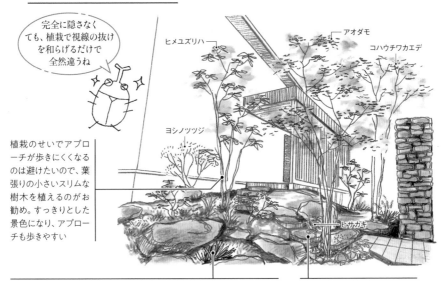

完全に隠さなくても、植栽で視線の抜けを和らげるだけで全然違うね

ヒメユズリハ　アオダモ　コハウチワカエデ

ヨシノツツジ

ヒサカキ

植栽のせいでアプローチが歩きにくくなるのは避けたいので、葉張りの小さいスリムな樹木を植えるのがお勧め。すっきりとした景色になり、アプローチも歩きやすい

景石の根締めとなる下草はベニシダ、オニヤブソテツなどの柔らかくてフワッとした印象のものがよい。どっしりとした石との対比でお互いが引き立つ。ティヌスダビディ、セイヨウイワナンテン、トキワホウチャクソウなども、さまざまな雰囲気の住宅に合わせやすいのでお薦め

動線に高低差があるので、道を軽く曲げて、背の低い中低木を植えるだけでも、石段の「見え隠れ」を演出できる

植栽になじむ機能門壁

ヒメユズリハ　アオダモ　コハウチワカエデ

ヨシノツツジ

ナツハゼ

ヒュウガミズキやヒサカキなどの低木、ギボウシやハーブ類などの宿根草も景石との相性はいいよ。でも大きく育ちすぎて石を隠してしまわないようにまめに手入れが必要だよ

既製品の機能門柱は人工的で植栽になじみにくいので、ここでは表札、ポスト、インターフォンを仕込んだ石積みの壁を制作した

ヒューケラ／ヘリクリサム／フッキソウ／メキシコマンネングサ／モリムラマンネングサ

敷地の弱点を魅力に変える

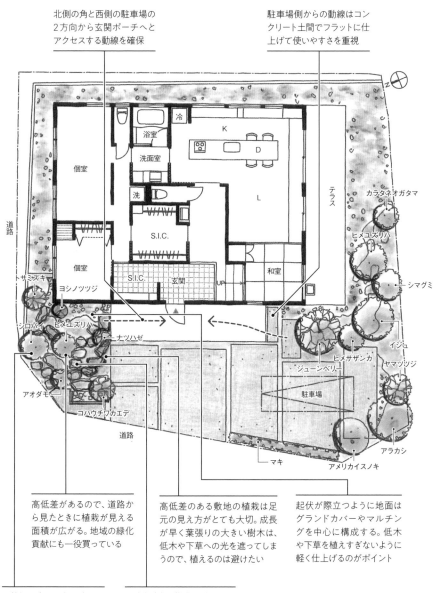

北側の角と西側の駐車場の
2方向から玄関ポーチへと
アクセスする動線を確保

駐車場側からの動線はコン
クリート土間でフラットに仕
上げて使いやすさを重視

カラタネオガタマ

ヒメユズリハ

シマグミ

イジュ

ヤマツツジ

ヒメサザンカ

ジューンベリー

アラカシ

アメリカイスノキ

マキ

テラス

道路

K

D

L

冷

浴室

洗面室

洗

個室

個室

S.I.C.

S.I.C.

玄関

UP

和室

トサミズキ

ヨシノツツジ

シロバイ

ヒメユズリハ

ナツハゼ

アオダモ

コハウチワカエデ

道路

高低差があるので、道路か
ら見たときに植栽が見える
面積が広がる。地域の緑化
貢献にも一役買っている

高低差のある敷地の植栽は足
元の見え方がとても大切。成長
が早く葉張りの大きい樹木は、
低木や下草への光を遮ってしま
うので、植えるのは避けたい

起伏が際立つように地面は
グランドカバーやマルチン
グを中心に構成する。低木
や下草を植えすぎないように
軽く仕上げるのがポイント

不等辺三角形の組み合わせ
で樹木を配置することで、
短いながらも変化に富んだ
景色をつくりだした

駐車場側は道路とポーチの
高低差が300mm程度であるの
に対し、北側は道路面とポー
チの高低差が1,500mmもある

0 1 2 3   5m

石積みの植栽帯

「土が流れないような、石積みの花壇をつくりたい」という要望から、基礎の立上りが高めに設定されています。花壇には、草花だけでなく樹木（中高木）を植えることを提案しました。外壁に沿って植栽を施すことで、無機質になりやすい駐車場に彩を添えています。

稲妻型のスカイラインを意識する

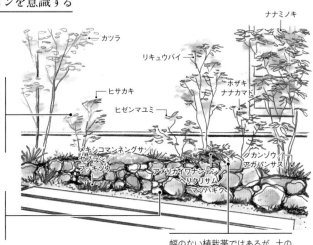

ナナミノキ

カツラ

リキュウバイ

ヒサカキ

ホザキ
ナナカマド

ヒゼンマユミ

メキシコマンネングサ
ヤブラン
フッキソウ

アメリカイワナンテン
ヘリクリサム
マツバギク

ノカンゾウ
アガパンサス

石積みの内側は、植え幅が600mmと限られているので、平面上は植栽を一直線に植えるしかない。そこで樹木のスカイラインが稲妻型になるように計画し、自然な景色をつくっている

駐車場のコンクリート土間と石積みの間のちょっとした隙間に下草を植えて、石積みの堅さを和らげた

幅のない植栽帯ではあるが、土の盛り方に少し起伏をつけてリズム感が出るように工夫している

石積みの設計ポイント

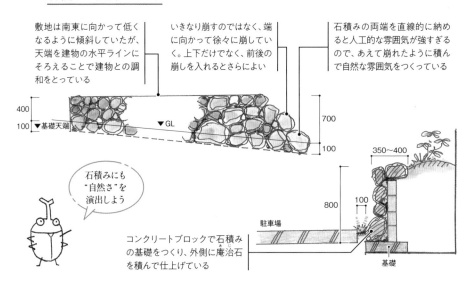

敷地は南東に向かって低くなるように傾斜していたが、天端を建物の水平ラインにそろえることで建物との調和をとっている

いきなり崩すのではなく、端に向かって徐々に崩していく。上下だけでなく、前後の崩しを入れるとさらによい

石積みの両端を直線的に納めると人工的な雰囲気が強すぎるので、あえて崩れたように積んで自然な雰囲気をつくっている

400
100 ▼基礎天端
▼GL

700
100

350〜400

800
100

駐車場

基礎

石積みにも
"自然さ"を
演出しよう

コンクリートブロックで石積みの基礎をつくり、外側に庵治石を積んで仕上げている

植栽の重点を意識する

ソヨゴ

エゴノキ
（ピンク）

キリラ

浴室

洗面室

洗

K

L

駐輪場

収納

UP

玄関

和室

デッキ

UP

エゴノ キ

コハウチワカエデ

ヒイラギモクセイ／
キンモクセイ

D

ヒサカキ　リキュウバイ　ナナミノキ

庭

フォッサギラ

オウゴンマサキ
ヒメサザンカ

駐車場

ヒメユズリハ

カツラ

ヒゼンマユミー
ホザキナナカマド

駐車場

常緑
モミジ

道路

アオハダ

ちょっとした隙間にも植栽
を施すことで、潤いのある
外観になる

タイムやティコンドラのような
繁殖力の強いものを植えると、
葉がコンクリート土間まで伸び
て駐車しにくくなるので、メキ
シコマンネングサ、ヤブラン、
フッキソウなどの横に広がりに
くい下草を植えるのがポイント

東側の庭も含めて植
栽全体の比率は落
葉樹7：常緑樹3

窓の手前には目線隠し用に
株立ちのナナミノキを植えた。
室内から見るとスクリーンカ
ーテンを下していても、きれ
いなシルエットが映る

植栽計画はメイン1本を軸に
する。ここでは玄関前の幹の
太い4mのカツラを駐車場の
植栽の重点とし、まわりの調
子を合わせている

風に揺れた枝葉が建物に当たらな
いように、外壁の近くに枝葉のか
弱い樹木を植えるのは避けたい

駐車場と
庭の植栽が自然に
つながっているね

0　1　2　3　　　　5m

下草を美しく見せる

道路に面してそびえる外壁の圧迫感を和らげるために、小さな植栽エリアを設けました。建物正面の植栽は、外観の印象を整え、地域緑化にも貢献する反面、荒れてしまうと外からかなり目立ちます。そのため成長の遅い中低木や下草を植えて、手入れの手間をできるだけ減らすのがお勧めです。

四季を楽しむ植栽の組み合わせ

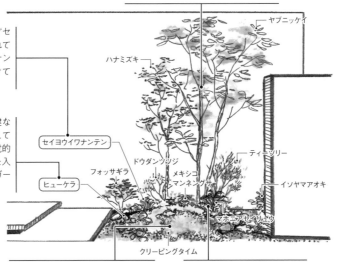

高木（ハナミズキ、ヤブニッケイ）に、風に揺れるティーツリー（中木）と、やや青みがかったエメラルドグリーンの新葉が魅力的なフォッサギラ（低木）を添えている

ヤブニッケイ

ハナミズキ

少し高さがあり風にそよぐセイヨウイワナンテンを入れてメリハリをつける。イワナンテンは晩秋から冬にかけての紅葉が美しい

セイヨウイワナンテン

ドウダンツツジ

ティーツリー

ヒューケラの中でも強健な赤色のヒューケラを植えてアクセントをつけた。視覚的なアクセントとして赤色を入れるのはイングリッシュガーデンでもよく見られる

フォッサギラ

メキシコマンネングサ

ヒューケラ

マホニアセイリュウ

イソヤマアオキ

クリーピングタイム

グランドカバーのクリーピングタイムは春に花を咲かせ一面ピンク色に染まる。その後5〜6月にかけてメキシコマンネングサが黄色い鮮やかな花を咲かせる

ティーツリーの手前にはマホニアセイリュウ（低木）を植えて、葉の大きさ（どちらも形は細長い）を対比させている

成長の早い下草に注意

成長の早い下草は、ほかの下草を覆って生育を阻害しかねない。成長の早い下草を植えてはいけないわけではないが、周りの植物とのバランスやお手入れにかける手間などを考慮して選びたい

コルジリネやベアグラスなどは成長するとかなり大きく葉を広げる

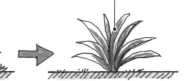

外壁と道路の隙間に植栽

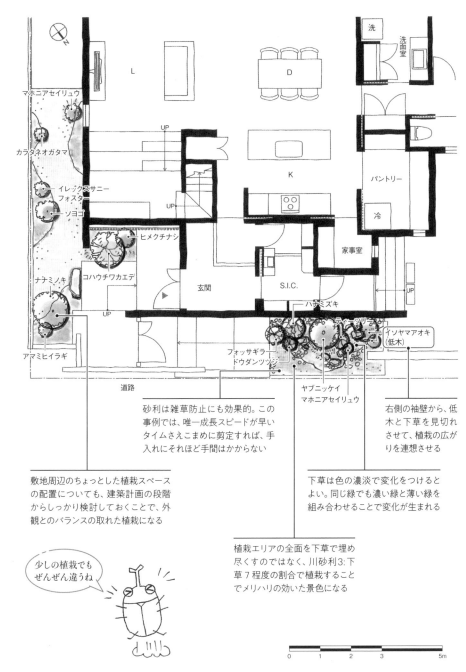

マホニアセイリュウ

カラタネオガタマ

イレックスサニー
フォスター

ソヨゴ

ヒメクチナシ

ナナミノキ

コハウチワカエデ

アマミヒイラギ

L

D

UP

UP

K

パントリー

冷

洗

洗面室

家事室

玄関

S.I.C.

UP

ハナミズキ

ティーツリー

フォッサギラ
ドウダンツツジ

ヤブニッケイ
マホニアセイリュウ

イソヤマアオキ
(低木)

道路

砂利は雑草防止にも効果的。この
事例では、唯一成長スピードが早い
タイムさえこまめに剪定すれば、手
入れにそれほど手間はかからない

右側の袖壁から、低
木と下草を見切れ
させて、植栽の広が
りを連想させる

敷地周辺のちょっとした植栽スペース
の配置についても、建築計画の段階
からしっかり検討しておくことで、外
観とのバランスの取れた植栽になる

下草は色の濃淡で変化をつけると
よい。同じ緑でも濃い緑と薄い緑を
組み合わせることで変化が生まれる

植栽エリアの全面を下草で埋め
尽くすのではなく、川砂利3:下
草7程度の割合で植栽すること
でメリハリの効いた景色になる

少しの植栽でも
ぜんぜん違うね

0   1   2   3   5m

大きな庭でも基本は同じ

敷地の南西に広がる広大な庭の計画です。キャッチボールができるほどの芝生広場を囲むように、植栽、園路、水盤が配置されています。とても大きく、植栽の構成要素もたくさんありますが、植栽計画の基本的な考え方はこれまで解説してきたポイントと同じです。

ゾーンごとに植栽の雰囲気を考える

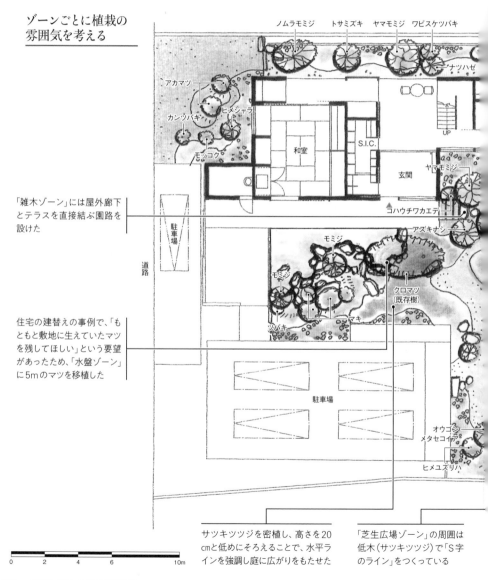

「雑木ゾーン」には屋外廊下とテラスを直接結ぶ園路を設けた

住宅の建替えの事例で、「もともと敷地に生えていたマツを残してほしい」という要望があったため、「水盤ゾーン」に5mのマツを移植した

サツキツツジを密植し、高さを20cmと低めにそろえることで、水平ラインを強調し庭に広がりをもたせた

「芝生広場ゾーン」の周囲は低木（サツキツツジ）で「S字のライン」をつくっている

図中ラベル：ノムラモミジ　トサミズキ　ヤマモミジ　ワビスケツバキ　ナツハゼ　アカマツ　ヒメシャラ　カンツバキ　モッコク　和室　S.I.C.　玄関　UP　ヤマモミジ　コハウチワカエデ　アズキナシ　モミジ　クロマツ（既存樹）　ツバキ　マキ　道路　駐車場　オウゴンメタセコイア　ヒメユズリハ

0　2　4　6　10m

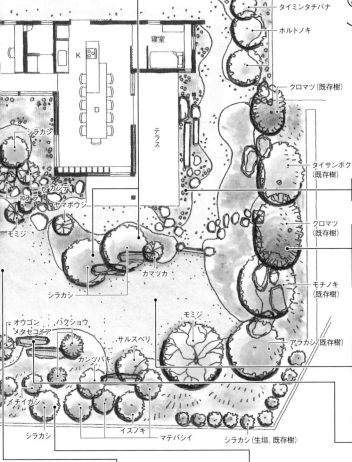

景石や飛び石の配置は、高木の配置を基準に調子を合わせるといいよ

庭の植栽は、大きく「芝生広場ゾーン」「雑木ゾーン」「水盤ゾーン」「目隠しゾーン」にゾーニングしているよ

テラスの近くに大きなシラカシを2本植えた。手前に大きな樹木を植えることで、遠景との距離感が強調されて空間に奥行きが生まれる

タイミンタチバナ

ホルトノキ

クロマツ（既存樹）

タイサンボク（既存樹）

建物の軒が深いため、建物側は栗石を敷いて仕上げている

クロマツ（既存樹）

「目隠しゾーン」には、もともとボリュームのある常緑樹が植えられていた。「できるだけ既存樹を残したい」という要望もあり、目隠しとしてそのまま活用している

モチノキ（既存樹）

シラカシ

アカガシデ

コナラ

ヤマボウシ

モミジ

カマツカ

シラカシ

モミジ

アラカシ（既存樹）

近景の地面にはサツキツツジのみを植え、水平ラインを強調。中景の芝生が「間」となり、遠景の植栽エリアに視線を誘う

オウゴンメタセコイア

ハクショウ

サルスベリ

カンツバキ

イチイガシ

シラカシ

イスノキ

マテバシイ

シラカシ（生垣、既存樹）

遠景は、オウゴンメタセコイアやハクショウ（白松）の垂直のラインと生野丹波石の水平のラインの対比が美しい

排水を考慮して、芝生広場に若干の勾配を取っている。築山の雨水と併せて暗渠管で流す計画

遠景は、ブルースターやメキシコマンネングサなどの明るい下草を植えた

K

寝室

D

テラス

索引

あ行

アオキ……19
アオダモ……13
アオハダ……13
アカシデ……13
赤玉土（あかだまつち）……136
アガベ……15
アジサイ……17
アシナガバチ……165
アブラムシ……158、164
アプローチ……70、101、140、170、172、176、192
洗い出し（あらいだし）……141
アラカシ……19
暗渠管（あんきょかん）……106、143
アントシアン……42
生垣（いけがき）……25、38
石積みの塀（いしづみのへい）……172
一年草（いちねんそう）……17
一本支柱（いっぽんしちゅう）……137
一本立ち（いっぽんだち）……120
移動空間（いどうくうかん）……64、76
稲妻型（いなずまがた）……98、99、194
イラガ……162
イングリッシュガーデン……16
陰樹（いんじゅ）……108

ウィッチタブルー……15
植穴（うえあな）……130
植え込み（うえこみ）……118、132、134
後ながし積み（うしろながしづみ）……125
雨水桝（うすいます）……23、143
ウッドデッキ……63、185
うどんこ病（うどんこびょう）……159
ウメ……11、163
エゴノキ……13
ACQ木材……137、145
Ｓ字構成（えすじこうせい）……100
枝（えだ）……119、156
江戸五木（えどごぼく）……11
エメラルド……15
Ｌ字タイプ（えるじたいぷ）……56
遠景（えんけい）……30、40、102、112
踊り場（おどりば）……64、182

か行

カイガラムシ……158
外観（がいかん）……60
階段（かいだん）……64
回遊動線（かいゆうどうせん）……150、175
風通し（かぜとおし）……20、22、68、156
家庭菜園（かていさいえん）……20
株立ち（かぶだち）……121
框（かまち）……63、75、77
カミキリムシ……164
からみ枝（からみえだ）……156

カロテノイド……42

川砂（かわすな）……136

観賞点（かんしょうてん）……33、48、73、97、
102、112、175

関東ローム層（かんとうろーむそう）……160

寒冷紗（かんれいしゃ）……125

木裏（きうら）……119、139

木表（きおもて）……119、139

気勢（きせい）……139

北向きの庭（きたむきのにわ）……52、73

キッチン……66

起伏（きふく）……39、41、74、104、184、192

ギボウシ……17

逆光（ぎゃっこう）……50

近景（きんけい）……30、40、102、112

菌根菌（きんこんきん）……128

菌糸（きんし）……129

草刈り鎌（くさかりがま）……153

草刈り機（くさかりき）……153

草刈りホー（くさかりほお）……153

クスノキ……24

苦土石灰（くどせっかい）……21

クモ……165

グランドカバー……30、40、105、115、134

クリスマスローズ……17

クレーン……125、126

黒土（くろつち）……136

クロロフィル……42

景石（けいせき）……97、115、174、186

ゲジゲジ……165

削り鎌（けずりがま）……153

玄関（げんかん）……64、70、101、170、172、
178

玄関ポーチ（げんかんぽーち）……176、193

格子（こうし）……58

高低差（こうていさ）……138、144、192

高木（こうぼく）……28、31、32、34、95、96、98、
113、137、182

紅葉、黄葉（こうよう）……42、92

広葉樹（こうようじゅ）……46

コケ……19、136、190

腰窓（こしまど）……75、78

コチョウワビスケ……19

コナラ……13

コニファー……14

コの字タイプ（このじたいぷ）……56

5本植え（ごほんうえ）……98

コンクリート土間（こんくりーとどま）……141

コンポスト……21

さ行

さかさ枝（さかさえだ）……157

サクラ……38、163

ササ……24

雑草（ざっそう）……127、150〜153

さび病（さびびょう）……159

サルココッカ……23

サルビアネモローサ……17

サンショウ……167

散水栓(さんすいせん)……148

視線(しせん)……56、58、71、74、76、103

視線のトメ(しせんのとめ)……70、170、176、182

自然樹形(しぜんじゅけい)……95

下草(したくさ)……29、39、74、95、115、134、196

支柱(しちゅう)……137

芝生(しばふ)……135、184

地窓(じまど)……75、76、84

シマトネリコ……38、166

地面(じめん)……40、74、78、82、104

借景(しゃっけい)……29、52

雌雄異株(しゆういしゅ)……13

重点(じゅうてん)……33、94、195

樹冠(じゅかん)……38、99、119

樹形(じゅけい)……46、119、120

主・添・対(しゅ・そえ・たい)……96

宿根草(しゅっこんそう)……16、29、153、192

順光(じゅんこう)……52

照明(しょうめい)……63、86

常緑樹(じょうりょくじゅ)……44、54、90、92

植栽エリア(しょくさいえりあ)……41、94、150、184

植栽ユニット(しょくさいゆにっと)……96、98

除草剤(じょそうざい)……153

人工樹形(じんこうじゅけい)……95

深根性(しんこんせい)……47

寝室(しんしつ)……49、178、188

浸透桝(しんとうます)……143

針葉樹(しんようじゅ)……14、47、111、118

スカイライン……32、98、99、194

すす病(すすびょう)……158

スズメバチ……165

辷り出し窓(すべりだしまど)……80

スポットライト……87

浅根性(せんこんせい)……14

剪定(せんてい)……38、121、132、149、156

双幹(そうかん)……120

雑木、雑木林(ぞうき、ぞうきばやし)……12、111

ゾーニング……111、198

側溝(そっこう)……143

た行

ターフカッター……184

ダイニングテーブル……79

太陽高度(たいようこうど)……51

高植え(たかうえ)……106、180

竹垣(たけがき)……146

立ち枝(たちえだ)……156

立吊り(たてつり)……125

多年草(たねんそう)……17

単幹(たんかん)……120、182

ダンゴムシ……165

団粒構造(だんりゅうこうぞう)……129

地下支柱(ちかしちゅう)……137

地被植物(ちひしょくぶつ)……30

茶室、数寄屋 (ちゃしつ、すきや)……18

チャドクガ……161

茶庭、露地 (ちゃにわ、ろじ)……18

中間領域 (ちゅうかんりょういき)……62、174

中景 (ちゅうけい)……102、112

駐車場 (ちゅうしゃじょう)……30、107、127、
170

中木 (ちゅうぼく)……29、34、36、96、98、114

直射日光 (ちょくしゃにっこう)……50

塵穴 (ちりあな)……18

通気性 (つうきせい)……129、136

蹲踞 (つくばい)……18

土極め (つちぎめ)……132

ツバキ……11、161

坪庭 (つぼにわ)……22

庭園灯 (ていえんとう)……87

低木 (ていぼく)……29、34〜37、96、114、131、
138

テラス……62、174

テントウムシ……165

東西向きの庭 (とうざいむきのにわ)……54

動線 (どうせん)……70、112

土壌改良 (どじょうかいりょう)……129、130

土壌改良材 (どじょうかいりょうざい)……129

土壌酸度 (どじょうさんど)……17、21、129

土留め (どどめ)……144

飛石 (とびいし)……140

鳥居支柱 (とりいしちゅう)……137

トレリス……20、25

な行

中庭 (なかにわ)……56、178、180、188、190

7本植え (ななほんうえ)……98

西日 (にしび)……54、111

ニセアカシア……166

日射 (にっしゃ)……54

日照時間 (にっしょうじかん)……23、108

2トントラック……125

庭木 (にわき)……10

布基礎 (ぬのきそ)……82

ヌルデ……167

根締め (ねじめ)……39

根鉢 (ねばち)……32、119、124、125、130、
132、137

根回し (ねまわし)……118

軒 (のき)……23、32、51

延べ段 (のべだん)……18、140

は行

葉 (は)……119

バーク堆肥 (ばーくたいひ)……128

パーライト……129、131

排水性 (はいすいせい)……127、129、131、136

掃出し窓 (はきだしまど)……63、75

ハスロ……135

ハゼノキ……167

畑 (はたけ)……20

八掛け支柱 (はちかけしちゅう)……137

パンジー／ビオラ……17

半日陰（はんひかげ）……23、24、108

ピートモス……129、136

引違い窓（ひきちがいまど）……81

ひこばえ……157

ヒサカキ……19

庇（ひさし）……51

苗圃（びょうほ）……118、123

FIX窓（ふぃっくすまど）……81

吹抜け（ふきぬけ）……52、72、84

不等辺三角形（ふとうへんさんかっけい）……95、96

ふところ枝（ふところえだ）……156

腐葉土（ふようど）……128

プライバシー……44、49、56、68、84

塀（へい）……58、69、76、107、146、172

平行枝（へいこうえだ）……157

ベタ基礎（べたきそ）……82

棒尺（ぼうしゃく）……124

保水性（ほすいせい）……129、136

ポット栽培（ぽっとさいばい）……118

保肥力（ほひりょく）……129、163

ま行

間（ま）……30、37、40、112、115

埋設管（まいせつかん）……109

前ながし積み（まえながしづみ）……125

枕木（まくらぎ）……138、140、145

真砂土（まさど）……160

マツ……11、24

窓枠（まどわく）……80

見え隠れ（みえかくれ）……103、112、186

幹（みき）……119

幹吹き枝（みきぶきえだ）……157

水極め（みずぎめ）……132

ミツバチ……165

南向きの庭（みなみむきのにわ）……50

ミモザ……24、38

メインツリー……72、89、180

目隠し（めかくし）……44、111

目土（めつち）……135、136

木塀（もくべい）……146

もち病（もちびょう）……158

モッコウバラ……17

モッコク……11

モミジ……11、180、188

盛土（もりど）……79、104、112、131

モンクロシャチホコ……163

や行

ヤスデ……165

ヤブラン……23

ヤマウルシ……167

山採り（やまどり）……13、120、122

ユーカリ……38

床座（ゆかざ）……77

床下エアコン（ゆかしたえあこん）……82

雪見障子（ゆきみしょうじ）……84、103

ユズ……167

擁壁（ようへき）……79

浴室庭（よくしつにわ）……65、68

横吊り（よこつり）……125

ら行

ライトアップ……86

落葉樹（らくようじゅ）……35、42、45、90、92、
　　174、182、188

ランナー……41、138

立水栓（りっすいせん）……148

隣家（りんか）……56、58、69、76、110、113

隣地境界線（りんちきょうかいせん）……69

レイランディ……15

レモン……167

レンガ……142

廊下（ろうか）……64、76

ロの字タイプ（ろのじたいぷ）……56

あとがき

住宅の植栽において高価な植物や景石などを使う必要はありません。京都の名園は銘木などなくとも、その景色が人々を魅了し続けています。主役の植物だけが庭を彩るわけではなく、脇役の存在も大切な要素なのです。脇役がいればこそ主役が引き立つのです。はじめにも書きましたが、つまりは空間構成とバランスこそ植栽の要なのです。本書をお読みいただいた皆様には、そのことがよくおわかりいただけたのではないでしょうか。

もちろん理論化できない感覚的な側面、植栽に対するセンスや美意識も欠かすことのできない要素です。本書で解説している内容は荒木造園設計の基本的な考え方であり、これが植栽計画のすべてではありません。本書をきっかけに植栽への理解と技術をさらに深めていただければ幸いです。

最後になりましたが、本書を執筆するにあたり上町研究所の定方三将氏、植物の生産者である撰樹園の金岡栄興氏、樹木医の迫田哲幸氏には、多大なるご協力を賜わりました。この場をおかりして感謝申し上げます。

著者略歴

㈱荒木造園設計

1955年7月19日創業。「楽しさ、驚き、喜び、高ぶり、安らぎ」を体験できる空間の創出をモットーに、個人住宅から公共施設まで幅広い植栽の計画、施工、管理を行う。創業当時から受け継いだ技法を用いて、気高く深みのある植栽表現を目指している。2014年に大阪府主催第4回みどりのまちづくり賞ランドスケープコンサルタンツ協会関西支部賞。'17年日本造園学会賞・奨励賞（設計作品部門）『GULIGULIの庭』『奈良の庭』。

執筆担当者

槇村吉高（第1章および第3章執筆）

山口雅人（第2章執筆）

坂本吉隆（第2章執筆）

連絡先

TEL　072-761-8874

FAX　072-762-8234

E-MAIL　info@arakizouensekkei.com

住所　大阪府池田市鉢塚2丁目10-11

ホームページ　http://www.arakizouensekkei.com

インスタグラム　arakizouensekkei

上町研究所

1998年に大阪で創業後、2002年に兵庫県川西市に移転。定方三将が代表を務め、宝塚、箕面、西宮、芦屋、神戸、奈良、大阪など、関西を中心に日本全国で数多くの住宅の設計を手がける。日本建築のもつ佇まいや知恵を現代に融和させることを目指して住まいを設計し続けている。

執筆担当者

定方三将

上町研究所代表。1970年山口県生まれ。'92年神戸大学工学部建築学科卒業。'92〜'98年昭和設計勤務。'98年上町研究所設立。2014年株式会社上町研究所に改組。本書において第1章執筆協力。

ぜんぶ絵でわかる❹植栽

2023年1月7日　初版第1刷発行

著者

荒木造園設計

上町研究所

発行者

澤井聖一

発行所

株式会社エクスナレッジ

〒106-0032 東京都港区六本木7-2-26

https://www.xknowledge.co.jp/

問合せ先

［編集］tel 03-3403-1381／fax 03-3403-1345

　　　　info@xknowledge.co.jp

［販売］tel 03-3403-1321／fax 03-3403-1829